换挡

[美] 杰里米·库比切克（Jeremie Kubicek）
史蒂夫·科克拉姆（Steve Cockram）◎著
谭怡琦◎译

5GEARS
HOW TO BE PRESENT AND PRODUCTIVE WHEN THERE IS NEVER ENOUGH TIME

SPM
南方出版传媒
广东人民出版社
·广州·

图书在版编目（CIP）数据

换挡 /（美）杰里米·库比切克，（美）史蒂夫·科克拉姆著；谭怡琦译 . — 广州：广东人民出版社，2017.2

ISBN 978-7-218-11533-7

Ⅰ . ①换… Ⅱ . ①杰… ②史… ③谭… Ⅲ . ①人际关系－通俗读物 Ⅳ . ① C912.11-49

中国版本图书馆 CIP 数据核字 (2017) 第 001091 号

HUAN DANG
换　挡

[美] 杰里米·库比切克　史蒂夫·科克拉姆 著　谭怡琦 译　**版权所有　翻印必究**

出 版 人：肖风华

策　　划：中资海派
执行策划：黄　河　桂　林
责任编辑：古海阳　张　静　郑　婷
特约编辑：张　艳　林海旋
版式设计：王　雪

出版发行：广东人民出版社
地　　址：广州市大沙头四马路 10 号（邮政编码：510102）
电　　话：(020) 83798714（总编室）
传　　真：(020) 83780199
网　　址：http：//www. gdpph. com
印　　刷：深圳市彩美印刷有限公司
开　　本：787mm × 1092mm　1/32
印　　张：7.5　**字　　数**：137 千字
版　　次：2017 年 2 月第 1 版　2017 年 2 月第 1 次印刷
定　　价：39.80 元

如发现印装质量问题，影响阅读，请与出版社（020-83795749）联系调换。
售书热线：(020) 83795240

权威推荐

帕特里克·伦乔尼

圆桌集团总裁，《团队的五个障碍和优势》作者

《换挡》能令你对自己改观，对在生活圈里与他人互动的方方面面改观。有几本书能做到？

亨利·克劳德博士

演说家，心理学家，畅销书《必要的结局》《正直》作者

我们需具备的最重要技能，就是自我观察和自我调节的能力。关注你的挡位就是关注你自己。一本非常有价值的实践指导书。

帕蒂·摩尔

红罗宾美味汉堡（Red Robin Gourmet Burgers）董事会主席

《来自办公室的自白》作者

5个挡位是一个简单有趣的比喻。我亲眼目睹了有领导人因为错时换挡而离群。而且，我现在意识到，如果我没有被困在第4挡和第5挡的话，我肯定能事半功倍。如果你想扩大影响力，更有效地和身边环境联系，请读这本书。

乔恩·戈登

畅销书《活力巴士》作者

《换挡》的方法是可行的，能将你的情商提高到一个全新的水平。如果你想成为一个更强大的联系者，改善你的人际关系，必须阅读本书！

克里斯·贺森

Ride the Ducks 总裁，贺森企业副主席

多么希望我在担任丈夫、父亲和领导者角色前，就有人将这本书馈赠给我。这是巩固优秀人际关系的法宝。

目 录

第 2 部分　如何成为很厉害的人：5 个挡位

驾驶不是一件容易的事，需要你全神贯注，当机立断。当领导者也是同样的道理。领导者在沟通想法、管理下属、解决问题的同时，还必须集中精力应对个人的生活、任务与理想。一切都没那么简单。

第3部分　影响力法则：成为人们主动追随的人

伟大的领导者都知道如何在正确的时间里转换到正确的挡位，并对他人产生积极影响。帮助他人了解各自的挡位并成功过渡，对双方而言都是一项挑战，但首先，你必须有意识地生活，因为你无法给予他人自己没有的东西。

杰里米将本书献给凯莉、艾迪生、威尔和凯特。你们让我的生命精彩至极，感谢你们如我支持你们一样支持我。

史蒂夫将本书献给海伦、易希、梅甘和查利。你们超乎想象的耐心和爱，让我渐渐学会更好与你们相处，感谢你们。

前言

如何成为高段位的生活掌控者?

“你人在这里，心却不在。”有人对你说过这样的话吗？或者，你对别人说过这番话吗？

每天都有无数人因为无法恰当地与人沟通、融入当下，而遭受许多负面影响。社交失误、情商缺失、碌碌无为不仅阻碍个人成长，还将抑制企业的发展。此外，也有无数人因为身边的人从不学习如何正确与人沟通而备受委屈，甚至不得不承担一拍两散的后果。我们忍受了太多来自老板、同事或家人的负面行为及语言，只因他们不懂切换挡位，融入当下。

融入当下是一种艺术形式。实际上，每个人都能学会与他人良好沟通。有些人天生精于此道，有些人则需后天不断学习。并且，后者更可能成为真正的大师，能在恰当的时间里切换到恰当的挡位，充分了解自己，领导自己，继而获得尊重并建立影响力。

我们厌倦看到某些人一次又一次嘲弄他人，厌倦看到父母以工作忙为借口拒绝陪伴孩子，厌倦看到老板与下属格格不入，厌倦看到人们把工作当恋人，以至错过真正重要的人，还对此浑然不知。

频繁目睹人们陷入以上困境后，我们决定撰写本书。如今，世界正在经历一场无与伦比的文化巨变。在这样的大背景下，我们想提供一些实际建议，帮助你反思自己的生活是否脱轨，进而转变行为方式，最终重回正轨。

人际智能[①]是领导者的未来竞争优势。在新世界里，人际关系比以往任何时候都更重要。建立、发展并维持核心关系的能力将成为领导者的主要影响力。

诚实面对你当前的人际关系吧。

- 你知道自己的另一面是什么样子吗？
- 你知道如何在不同的社交场合与人打交道吗？
- 工作中，你是个容易沟通的人吗？
- 大家喜欢和你在一起吗？

---

① Relational Intelligence，指能很好地理解别人和与人交往的能力。——译者注

- 即使有时间压力，你也能全身心地与人相处吗？
- 你总是不顾一切想要争夺第一吗？
- 你曾经尝试在某一刻全身心地与人相处吗？
- 你知道如何放慢节奏，聆听身边的人吗？

这些问题将成为区分未来领导者的主要依据。智商和专业技能固然重要，但仅拥有这两项素质已经远远不够。当你开始学习培养人际关系方面的胜任力，即与他人建立联系、融入当下的能力时，就意味着你将建立长期稳固的人际关系，抓住大多数人难以发现的机会。

从这个角度来看，本书充满力量。如果运用得当，你不仅可以借助这种力量真正改善与所爱之人的关系，还将成为工作中、团队里的重要领导者。把书中的核心观点系统地应用到包括个人、家庭、团队、组织和社群在内的5大影响圈，你会发现，5个挡位是一个简单又深刻的比喻，并且，书中围绕其展开的理论切实可用。

如果你承认自己的确在生活的某些领域中脱轨，也希望重回正轨，那么你已经踏上了改变之路。如果你承认自己的确缺席身边人的故事，并且愿意借助5个挡位的力量重新规划生活，成为举足轻重的人，那么，你终将走向成功。

我们将帮助你：

- 学会全身心地融入家庭和工作；
- 学会切换挡位，保持与他人沟通顺畅；
- 强化自我和他人意识，增强影响力；
- 在团队、家庭和组织中创建一套正确的沟通系统；
- 消除由忙碌生活及过度自我专注产生的负面影响；
- 变得更加专注、圆融、坦然，进而达到内心平和。

我们相信，能够与他人融洽相处的人拥有更大的竞争优势。很简单，因为那些在社交场合中丑态百出、人际关系处理得一塌糊涂、每天都活在任务驱动世界中的人，无疑会与许多机会擦身而过。

我们希望帮助你充分体验高效领导、惬意生活的乐趣，成为人生各领域中令人印象深刻的领军人物。为此，借比喻的手法创造了 5 个挡位理念。现在，我们不仅自己实践了这套理念，还希望将其公之于世，与全球成千上万的人们分享。5 个挡位就像汽车的手动变速器，每一个挡位都与你在特定时刻的某些行为相关联。这个比喻是为了创造一种语言符号，帮助你理解并加以应用，最终改变自己生活与领导的方式。

你也许会问："这是一本关于领导艺术的书吗？"是的，但绝不仅限于此。这是一本写给所有人的书。我们发现，无论是想从家庭中收获更多回报的家庭主妇，还是试图平衡生活与工作的职业女性，都能从中受益。那些希望平衡家庭与事业的、忙碌不堪的经理人，或者渴望在未来成为领导者的年轻人，也能从本书中汲取力量。

5 个挡位理念，诞生于我们的成败得失经验。本书中的每一个想法，都源于我们的观察：为什么我们要做现在做的这些事情？为什么有时候，杰里米很难恢复精力，或者难以长时间保持专注以完成任务？为什么史蒂夫会突然切换到工作模式，错过与眼前人充分沟通的机会？

后来，我们开始有计划地将 5 个挡位理念应用到基安全球公司（GiANT Worldwide）中，帮助领导者重新融入各自的家庭，创建平衡工作与生活的新语言以及与同事高效合作的新系统。简而言之，我们致力于创建一种新语言和一套新系统，帮他们解决无法与人充分联系、融入当下的问题。学习这一理念，你也将像我们，以及千万领导者一样，体验到这些重大突破。

为了让你一窥 5 个挡位的威力，我先分享一个小故事。通过这个故事，你将看到它如何改变人力资源经理希瑟的生活，帮助她在工作与生活中创建成长的语言及系统。也许你会对故事中的个别词语感到陌生，但没关系，我们会阐释 5 个挡位的运作方式，帮助你充分理解。将这一理论应用到实际生活中，你会发现，希瑟的故事涵盖了所有人际关系上即将发生的神奇变化。

我是希瑟，想要谈谈 5 个挡位如何令我产生新的自我认知。那其实算是一种常识，但遗憾的是，我对此浑然不知。过去，我在第 1 挡（恢复精力）与第 2 挡（融入生活）花费的时间少之又少。也难怪，我总感觉疲惫、沮丧！难怪我在 2010 年减掉的 22 公斤又反弹了！我从来没有在自己身上花时间。不管在何种状况下，不管在生活的哪一个影响圈里，我都采用的是第 4 挡（任务模式）和第 5 挡（专注模式）。

5 个挡位改变了我的生活！自此，我终于有机会仔细端详镜子里的自己，认真思考自己的角色。我既是一名妻子、母亲的女儿、两个女儿（分别是 5 岁和 8 岁）的母亲，也是一位朋友、总经理、社群成员、基督教徒、董事会成员等。但无论扮演何种角色，我都用的是第 4 挡和第 5 挡。

结果呢，除了一副疲倦身躯，我一无所获。除此之外，我也无法与人融洽相处，尤其是我的家人。终于，我幡然醒悟，但这能怪谁呢？只能怪自己。难怪我的婚姻支离破碎；难怪丈夫不愿意和我谈论生活，探讨工作；难怪孩子们深感厌烦，甚至开始对我撒谎。我并没有和他们产生联系，还对这样的事实浑然不知！

学习了 5 个挡位后，我及时意识到问题所在，开始了解并领导自己，继而改变行为方式，最终扭转局面，也解决了家庭关系上的问题。

在公司，我们对加班加点习以为常，一年 365 天，每天都处于 24 小时随时待命状态。5 个挡位教会我恰如其分地与人沟通、及时断开工作联系的健康生活方式。事实上，一直保持融通并非明智之举。因此，在反躬自省后（实则在 2014 年 10 月的解放领袖之旅中），我决定在生活中做出一些细微而持久的改变。例如，下班后，我就关闭手机信箱，直到第二天上班再重新开启。其实，我并不需要日理万机，昼夜不分地回复各种信息。你猜猜发生什么事情了，简直不可思议！

如今，我在非工作时间内收到的信息越来越少。在我意识到这一点以前，同事们一直认为能在任何时候联系我，因为我总是有求必应！现在，如果没有紧急事情，他们不会在工作之外的时间里打扰我，也知道我不会回复。当然，凡事都有例外。如果工作量过多或遇上紧急情况，我也会在晚上或周末加班。不过，现在我都会首先考虑家人的感受。

对我而言，5 个挡位能够带来一种自由的体验，而最美之处在于能完全被大家接受。如果我一直有求必应，怎么可能实现生活与工作的平衡？根本不可能！

现在，我把 5 个挡位的基本要义打印出来，贴在墙上，时刻接受它的警醒。每次需要挂入正确的挡位时，我都能根据简单的描述语顺利切换。不仅如此，身边的人同样可以通过5个挡位的语言将我唤醒。感谢您创造的这个强大的工具！

充分利用5个挡位，你将改善人际关系，合理调配时间，继而提升领导力。读罢此书，请仔细回忆，并登录http://5gears.com/your-story分享你的故事。那是我们创建的一个专门网站，供你分享自己从孤立脱节到左右逢源的巨变过程。

我们希望你能怀着不再令他人失望的信心阅读此书。我们坚信，你将体验前所未有的重大突破。当你领略到5个挡位的神奇之处后，也希望你能将它分享给身边每一个人，在生活与工作中创建一种新语言、新系统。

我们已经迫不及待想要见证你的华丽蜕变了，开启工作与生活新世界的大门吧。

第 1 部分

人类存在的基础：连通性

我们厌倦某些人一次又一次嘲弄他人，厌倦父母以工作忙为借口拒绝陪伴孩子，厌倦老板与下属格格不入，厌倦人们把工作当恋人，以至错过真正重要的人，但除了厌倦，你又真正做过什么呢？

第 1 章

高压力、快节奏的你，还能硬撑多久？

总经理走出办公室时，时间又很晚了。他年逾不惑，进取心强，时常加班。几周以来，妻子一直要求他尽量在 3 个孩子睡觉前赶回家，与他们共进晚餐。妻子的要求并不过分，但不知怎么的，他就是难以兑现这个年龄的人应该兑现的基本承诺。

这位丈夫领导着一家部门繁杂、员工队伍庞大、投资者众多的国有企业。除了要处理日常事务外，他最近还在负责一场并购案，并尝试剥离公司的部分业务。不用说，这几个月他根本没有精力兼顾家庭。律师和合伙人的电话轰炸，繁杂的日常事务，早已让他焦头烂额。

许多次，丈夫发短信告诉妻子，他正在回家的路上，这倒不假，但他的缓兵之计不断：把车停在邻居家游泳池旁或附近的网球停车场，搞定最后几通电话后，再走完最后的 500 米。妻子一直发短信问“到哪里了”，丈夫心安理得地回复“快到了”。

直到妻子沮丧地回复："我们先吃，不等你了。"他才匆匆结束和律师的通话，把车开回家。进门后，他又是一通道歉："今天忙得不可开交！"他无奈地耸耸肩，嘟囔一句。

以上场景不止一次上演，已经成为一种习惯，甚至是一种模式。妻子真心希望他至少能有一天早点回家，哪怕提前一小时，因为要照顾3个孩子并操持家务同样让她抓狂不已。丈夫刚在餐桌前坐下，妻子便对他说："我们需要谈谈！"糟糕！丈夫不禁心头一颤。

晚餐的气氛并不愉快，面对孩子，丈夫心不在焉，满脑子想着如何应付接下来可能发生的争吵和亟待今晚解决的工作。

孩子们入睡后，心怀歉意的丈夫小心翼翼走进卧室，低声对还在气头上的妻子说："嘿。"

"不能再这样了。"妻子说，"我们每天都像在打仗一样。你明明说好早点回来，但却一拖再拖。兑现一次承诺就那么难吗？"

听到最后一句话，丈夫很是伤心。妻子当然没有错，他没有履行准点回家的承诺，并为此感到愧疚，也告诫自己要做到更好，但因公务不能按时回家俨然成为他的一种生活模式。妻子继续发难，刚刚的只不过是餐前开胃菜。

就在丈夫开始用一连串的借口回应时，妻子抬起手，说："等等。"时间仿佛慢了下来，恰好给了正在思考该说什么的丈夫以缓冲。"真正的问题是，你陪着我们，却没有真正和我们在一起。工作在消耗你，一刻不停。”

“唉！”丈夫恍然大悟。

“你知道吗，当你和孩子们在一起时，呈现给他们的只是一个冰冷的父亲形象。你在做表面功夫，没有真诚地与他们交流，那不是真正的你。”妻子一字一句，语气诚恳。她真诚地道出现状，希望与丈夫的深入交流能为家庭带来些许改变。

丈夫知道妻子没错，但男人都是不愿意被责骂的。虽然他首先想到的是“我知道，你说得对”，但防卫和自尊心打消了他道歉的念头。他感到被指责、误解，消极情绪开始扩散：“她根本不知道我晚餐多没胃口，难道不知道我已经为这个家拼了命了吗？”

面对妻子的评价，他已无法冷静。他知道自己伤害了妻子，但不理智的想法已然筑起了防卫的城墙，他要发起情绪化的攻击了。

“你真的不知道我都做了什么吗？”他反问，“我为了这次并购案拼了老命，要是成功了，我们家就衣食无忧了。难道你不知道这对我们意味着什么吗？”丈夫如辩护律师般咄咄逼人。“我需要你的支持，而不是你的审判。你让我感觉你没有站在我这边。”丈夫发动了人身攻击，尽力拿出反驳的理由，想让妻子收回说过的话。

然而除了妻子的眼泪，他没有得到任何结果。妻子伤心地走开了，不再幻想他能理解自己。丈夫在书房来回踱步，试图为自己刚刚的行为辩解。但他已经伤害了妻子，深深的歉意涌上心头。他知道自己是个笨蛋，只顾着跟妻子争辩，却不去解决问题。

这个故事似曾相识吗？你亲身经历过这些吗？

我再清楚不过了。因为这位防卫心强、好面子的总经理就是我（杰里米），惭愧地讲，我有时候是把妻子的真理变成戏剧的大师。

我本应该说："亲爱的，我很抱歉。我承诺过按时回家，却没有做到。"这番话多少能让妻子不那么沮丧。如果我能恰当并真诚地沟通，妻子会听到我继续说："最近我把心思都花在了工作上。因为并购案和业务剥离有太多事情要忙。坦白说，我真的需要帮助。我被压得透不过气，我需要你帮我理清思路，更有效地管理工作和生活。"

短短几句话就能让恼怒的妻子成为忠实的伴侣，但我却火上浇油，伤了她的心！这显然不是明智之举。

该治病了，工作狂和炫娃狂魔们！

以上情节，是许多领导者与伴侣之间关系的缩影。你是否也有过类似经历？

我们都想建立一个美满家庭，或拥有一段美好关系，然而，生活与工作总是充满压力，让我们忙碌不堪。飞速发展的电子科技，更是无情地分割了我们大部分的注意力。在这种情况下，人与人之间相互误解的概率正以指数级不断增长。需要注意的是，误解不仅存在于夫妻之间。我们身边不乏苦苦挣扎于工作、朋友、家庭与个人娱乐中的人。稍稍回忆自己的经历，或者在生活、工作中听过的故事，你就会发现，保持自身融通、融入当下并不是简单的事情。

尽管不想撞人，但我们撞过的人还少吗？在限速 32km/h 的小路上，我们甚至会把车开到 80km/h 却浑然不知。我们总是拼命赶进度，却时常忽视自己最关心、最在乎的人。一旦感受到最后期限的压力，或者害怕老板扯着嗓门将自己骂个狗血淋头，我们便优先处理眼前问题，将需要长期培养的人际关系置于身后。因此，眼前的压力总能轻易打败核心人际关系，继而掩饰、破坏、抹除我们在亲密之人面前的存在感。

反之，如果能在恰当的时间地点全身心投入，对方就能看见我们最好的那一面。处于最佳状态时，我们自然能满足爱人的需求，帮助有需要的人，为工作或家庭创造健康和谐的气氛。

实际上，我妻子在这方面的表现完美无缺。她曾对我说："杰里米，我们爱你，但我们没有看到真实的你。你是孩子们了不起的父亲，可惜工作把你从家庭中偷走了。"

因为工作上“压力山大”，我习惯开启工作模式，也因此撞飞了家人。一旦我们忽视眼前人，车祸就会发生。更糟糕的是，一次次被忽视、撞倒后，他们就会渐渐远离我们，因为没人想让负能量破坏自己的生活。

社交失误每天都在上演。你身边有人一天 24 小时都开启工作模式吗？他是否总是天不亮就起床，然后发几封“干劲十足”的邮件，惹同事不痛快？他到办公室和同事说的第一句话应该不是“早上好”，而是“你收到我的邮件了吗”。这就是从来不关闭工作模式的人。恐怖的是，他永远不会意识到这一点。无休止的工作是一股驱动力，促使他不停地把人撞飞。

“你说的就是我。”也许会有人这样定位自己。“简直和我丈夫一模一样。”其他人或许也会有类似的想法。

以上情节不仅会在工作场所上演，也出现在其他社交场合中。我们早已厌倦了老板、同事、邻居、学生家长、朋友及家人每日上演的社交失误。

喜欢将孩子挂在嘴边的人（特指那些十句话就有九句离不开孩子的人），总会拉过眼前的聆听者，喋喋不休地说着自己的孩子。他们脑袋里装得最多的不是工作，而是关于孩子的各种琐事。想勤勤恳恳工作的聆听者除了暗示“我不要再听‘炫娃狂魔’说话了”，又能如之奈何？“说的就是我姐姐”“我认识一堆这样的人”，人们偷笑着说，表示曾有过类似的经历。

大部分人都不会意识到，自己的社交让对方陷入了尴尬，当然，也不会花时间思考在交谈过程中，对方处于哪个挡位。我们不会蓄意撞人，然而事实是：处于不同挡位的两辆车极容易发生车祸。一谈到工作、孩子或者其他鸡毛蒜皮的小事，我们的大脑就管不住我们的嘴。于是，就在你叨叨念念说个没完的时候，砰！撞人啦！

环顾四周，我们总能发现各种社交失误。我们习惯在不适宜的时机里高谈阔论、拒绝聆听他人说话、对明显的社交暗示视而不见，或者后知后觉。这都是社交痼疾，得治！

通常，办公室里情况会更糟糕。有些领导一踏进办公室，就好像完全变了个人似的，立刻切换到“统治者”模式。他们眼中只有生意——不曾记住员工的生日，只会态度强硬地下达一些难以完成的任务。

我听说过这样一个故事：一位董事长在董事会上提出希望改善公司文化，总经理针对这一想法提出了一些探索性问题。余音未落，董事长便转过身，用不容置喙的语气表明，没有人能质疑他的权威，并在众人面前数落了总经理一番。他的勃然大怒在众人看来简直不可理喻。总经理涨红着脸，手足无措，尴尬至极。其他经理则识相地躲回各自的保护壳中，暗暗祈祷这种事情千万不要发生在自己身上。

还有些人会在工作时间致电朋友，完全不顾对方是否方便，或者向对方提出令人尴尬的问题。不管是何种社交失误，都将致使对方陷入尴尬、沮丧的境地，最终导致双方的联系断开。

走进机场、餐馆或办公室，不难发现，社交失误比比皆是。确实，有些人天生就患有社交障碍症，但更多人只是因为懒惰或忙碌，不曾停下脚步留意身边的人。懒惰之人甚至放弃自我提升、个人成长与人际关系上的融通。大多数人终日忙碌，不曾停下来认真分析，并做出调整。如果日程表是你生活前进的驱动力量，那么除非学习踩刹车或调低速度，否则你将经常撞到人。

所有的孤立无援都是自找的

以上种种社交表现都会致使人与人之间的联系断开，于是打架、争吵、冷战等随之而来。无论是何种后果，其滋生的负面情绪和挫败感都会给企业和个人带来损失。那么，导致我们联系断开的原因是什么？该如何避免？为什么有些人擅长建立联系，有些人却屡屡失败？

想象你正身处某社交场合，一位异性正向你走来，但他的眼睛却忙于四周环顾，不曾与你有任何眼神接触，这就是一种联系断开。此外，一味暗示，始终不说出真实想法的人，往往也会断开与他人的联系。

人类渴望具备连通性（Connectivity）。为了生存与繁衍，无论本身性格趋于内向或外向，我们都必须具备连通性。另外，尽管我们渴望产生联系，但每个人都有特定的生活经历、与他人联系的方式，以及关于个人选择的经验，种种因素共同塑造了个人恰当联系或断开联系时，熬过痛苦时期的能力。

连通性涉及时间、背景、地点、人物和动机。它不仅是身体某个部位的简单联系，还联结了情感、身体接触、精神认知和心理特质四个方面。我们可以将这一理念定义为，一种通过连通性的艺术与科学，提高生活及领导质量的实践观。

与他人建立起深厚联系，我们的内心自然就会产生感恩、平和之情。若要达到这种境界，我们必须学习静下心来，融入当下。但现实的情况是，与他人断开联系时，我们往往浑然无知，径直将眼前人撞飞，直到自尊心严重受挫才有所觉悟（正如我和妻子的交流状况）。因此，注意保持自身连通性的人能体验到深切的喜悦，而其他我行我素者只能纳闷：为什么在刚刚的会议上，大家都死气沉沉？

社交联系断开会影响我们各个阶段的关系动态。我很惊讶，竟有如此多的人深陷社交困境而不知所措。为了避免冲突，面对社交障碍症患者，我们似乎都会变成大慈爱家，容忍其令人厌恶的行为。这种情况，在工作中更是屡见不鲜。业绩出色的员工无须对自己的不恰当行为负责，因为他们已经做出了贡献。

要知道，连通性与和平、生产力、个人幸福感之间存在直接联系。

现在，让我们共同核查连通性清单，审视自己在情商、人际关系上处于何种状况吧。

- 你与家人(伴侣、孩子、兄弟姐妹、父母)的关系如何？你正在和他们产生联系吗？你曾经撞倒他们？还是已经完全断开联系了？
- 你是否用心投入友情当中，并提升朋友们的生活价值？换言之，如果我们与你的朋友交流，他们是否会埋怨你只顾赶自己的日程，并且表示难以忍受像你这样的朋友吗？
- 你与同事之间的联系状态如何？他们是否愿意在你身上花费部分时间和精力？你们之间的社交联系是否处于健康状态？
- 你有能力融入当下吗？你是否会因为社交软件或其他事物分散注意力？

我们都不想撞倒他人，奈何这已经成为常态。大多数领导者都生活在无尽的忙碌之中，却未曾反思，抑或努力平衡自己的生活与工作。我们需要有人举起镜子，让我们看清自己，并在联系断开之时，告知一声。

问题的关键在于了解自己，包括偏好与模式，只有这样，才能以一种符合自身价值观的方式领导、表现自己，满足自己及身边人的利益需求。我们将帮助你创建一种全新的生活、领导与沟通方式，从此不再撞倒他人，不再断开联系。

讨论解决办法之前，我们有必要先了解，从不检查车速、每天上演车祸的生活意味着什么。我们真切希望你能认识到，未能全身心融入核心的人际关系当中，对社交失误和联系断开的事实毫无察觉时，你的行动会带来何种后果，又将对工作、企业、朋友及家人产生怎样的影响。唯有如此，你才能真正做出改变。

如果你认真阅读本书，认真端详镜中的自己，可能会发现自己牙齿上沾着菜叶子，进而将它清理掉。当人们发现你正在努力成为一个他人愿意追随，而非必须追随的人时，就会更加尊敬你，以新的方式与你相处。你的影响力将会扩大，大家也会渐渐向你靠近，而不是对你避之不及。

我们的目标是，避免你在人际关系方面撞上南墙，调整与他人相处的方式，实现重大突破。

第 2 章

认清现实：你是“万人迷”，还是“万人嫌”？

好，现在让我们回到现实。试问，人们真的了解你吗？他们是否认为你真切地融入了各种关系当中？或者，认为你只是一味沉溺在自己的小世界里？醒醒吧，好好看看现实，诚实面对自己与人相处以及有效平衡工作和生活的能力。又或者，承认你根本不具备这样的能力。

在字典网（dictionary.com）上，“现实”（Reality）的定义如下：“真实存在的世界或事物状态，与理想或不切实际的想法相悖。”所以，要想回归现实，我们必须同时识别真实与虚假的事物，分别对其状态做出清楚的描述。

事实上，我也曾在与人相处的过程中屡遭困境，当时对方对全球思维或哲学概念等话题毫无兴趣。这是事实，也是我该接受的现实。结果呢？有时候，一旦察觉对方的冷淡或不屑，我就会乖乖闭嘴。听起来很刺耳吧，但这是真的。这就是说，关于我的现实是这样的：稍不留神就会沦为别人眼中那种喜欢在领导思想或文化变革等话题上高谈阔论的爱慕虚荣者。

史蒂夫·科克拉姆（Steve Cockram）是基安全球的联合创始人，也是5个挡位理念的发展先驱。他的岳父曾赞助他们一家到比利时旅游，回来后，他给我讲述了出游期间对自己的现实检测经历。

5 GEARS 影响力加油站 当网络断开，亲情才有机会连接

为了庆祝我与妻子的结婚周年庆，岳父送了我们一份旅游大礼。我百感交集地与妻子海伦，还有三个孩子登上了游轮。大家兴致盎然，因为我们很久未曾踏上一段真正的旅途。尽管同样感到兴奋，但我心里还是有点不安。因为旅游之时，远在英国的公司还有堆积如山的工作等着我呢！

当时我的现实情况就是：电话一天24小时不离身，准确来说，就像有根绳子牢牢地将我和手机捆绑在一起。我不停地发信息、回邮件、接电话。噢，还要补充一点，我是个板球运动迷，自然不能错过利物浦的最新比分。

自踏上游轮的一刻起，我已然决定，要趁大家享受各种精彩活动时，抓紧回几封邮件，或者接几通电话。虽然此时游轮还没出发，仍静静地停留在港湾里，但一切如我所愿

顺利进行着。我发了邮件，下达终极指令，还看了板球赛事的比分。

然而，当游轮驶出港湾，渐行渐远时，问题就来了。我超出了原先使用的 WI-FI 覆盖范围，于是不得不搜索游轮上的 WI-FI 信号。但结果并不理想！更不理想的是，游轮方竟然对自己的 WI-FI 覆盖非常自信，每小时的网络服务费就要花掉我一笔不小的费用！你要是了解我的为人，就知道我绝不会为此买单。

我沮丧地告诉海伦这个悲催的消息，但她居然露出一副“真的吗”的惊喜表情。她简单明了地描述了我当下的状况后，给出一条建议：“看来，你只能把手机收起来，好好享受假期了！”

海伦说的没错。就这样，我度过了一次史上最愉快的假期。我什么事也干不了，包括那些迫在眉睫、亟须处理的事情。我不得不和家人待在一起，也由此认识到，我有多爱他们，多爱这个家。我的三个女儿年轻美丽，妻子也贤惠贴心。我知道，要是手机在手，我肯定会完全沉浸在板球赛事、邮件和社交媒体上，并因此忽略她们。

我的大女儿伊兹对我的评价一语中的：我就是一个沉迷于手机的人。她说：“爸爸，这是有史以来最棒的旅行。没有手机让你分心，实在是太棒了。我爱你，爸爸！”

也就是说，我所处的现实就是：我沉溺在手机里，这种沉溺让我分心，忽略了最爱的人。

那些别人看破却没说破的真相

现在轮到你了，认真审视自己所处的现实。如果我向那些与你亲密的人提问，他们会如何描述你的现实？是否像极了下面这些描述？

- “唐终日忙碌，从来不关闭工作模式。虽然我喜欢他，但只能看到他的一部分。”
- “托德老爱开玩笑，在他眼里，生活就是一间酒吧。他向来游手好闲，从不专注实际工作。”
- “艾米整天紧张兮兮。我不停地安慰她要放轻松，慢慢来，但她总是在为别人瞎操心，不给自己留点时间。”
- “约翰才华横溢，却总是自我封闭。我很想了解他，但他不是在埋头加班，就是在去上班的路上。要了解他，比登天还难。”
- “萨拉似乎是一位伟大的妈妈，但她除了夸赞自己的孩子，就没有别的话了。的确，她的孩子很优秀，但她从不关心我，从来不会！她眼里只有那个优秀的孩子！”

联系断开、薄弱的自我意识，以及未能融入当下，哪一种情况最符合你？你所处的现实是什么样的？

我们将提出实际的解决办法，赋予你充沛的精力去创造联系、增强影响力和领导能力。但在此之前，我们希望你思考以下问题。这或许能让你意识到此前一直忽略的问题，继而提高自身效率，避免头撞南墙。尝试尽可能详尽地回答问题。如果实在无法回答，也请认真琢磨一番。

1. 你倾向于优先考虑哪些事情？如果有人手执放大镜观察你的生活，他是否能发现你真实的优先考虑事项？我们并非想要对此多加评价，而是希望简单回归现实。你的优先考虑事项是运动、金钱、家庭、信仰，还是健康？它们的先后顺序是什么？应该是这样的顺序吗？根据生活状况调整优先考虑事项，你会发现，人际关系连通性会在一夜之间突飞猛进。

2. 你往往会在哪里将人撞倒？工作中经常冲撞同事，抑或经常与家人不欢而散？你是否曾经思考过原因？你是否能够意识到自己的撞人行为？

3. 生活中，你可曾因为性格问题导致联系断开，或与人格格不入？ 大多数领导者都存在某些性格问题，甚至可能危害自身。面对现实吧，找一位可信赖的朋友倾诉，将你的性格问题摊开来说，别继续被玩弄于股掌之中。

4. 你有需要修复的人际关系吗？ 也许每个人都拥有一段已经“坏死”的人际关系，但现在，该采取何种方法修复呢？什么时候你才会亲自处理这段人际关系？写下这个人的名字，拟订一项计划，做个决定吧。

5. 你在哪些方面，影响力正逐渐下降？ 无论是在工作还是生活中，你的影响力始终如一吗？他们是否相信，你所做的一切都是为了他们？还是会认为，你只是为了自己？勇敢面对这样的现实，下决心为他们的最大利益奋斗吧！

6. 你害怕失去什么？ 金钱？权力？尊重？时间？还是其他？只有直面内心的恐惧，才能减弱它对你的控制。一般来说，这些恐惧就是沉重压力的来源，会致使“车祸”发生。

7. 人们是自愿追随你的吗？ 或者，只是别无选择？如果发现大家并非心甘情愿地追随你——这样做只是为了保住饭碗，或因为其他原因，这确实很伤人。希望你能成为大家愿意追随的人，当然，要做到这一点很难。让我们一起解决这个问题。

8．一天中，你什么时候开始工作？醒来做的第一件事就是查邮件吗？你是否了解，这样做将对改善人际关系、心态，以及接下来的一整天产生什么影响？

9．你能好好在家为自己充电吗？结束工作或照看孩子之后，你会有专门的休息时间或充电时间吗？是否会有长长的任务清单等着你去完成？你能适当安排自己的日程吗？或者，你的日程早已超出控制范围，生活一团糟？

10．你与他人设定了黄金时间（尤指关爱子女，增进感情的）吗？与他们相处时，你能否完全关闭工作模式，全身心投入？上一次和他人进行有意义的沟通，是什么时候？

11．朋友、同事们认为你了解他们吗？你是否了解同事的个人生活状况？他们认为你了解他们吗？

12．你的会议现实如何？召开会议时，你是否会在正式进入主题之前，与同事做预热沟通？

13．你一般几点回家？经常让家人等你吗？是否和我有一样的坏习惯？

将这些想法通通写下来，与了解你的人分享。我们的目的是帮助你回归现实状况，看清镜中的自己，并增强各方面的影响力。通过回答以上问题，你会开始调整心态，回归内心平静。着手处理以上这些让现实不可持续的问题后，你也许还能发现，效率正在逐步提高。

如果家人加倍亲近你，同事加倍信任你

你已经在第1章听过我的故事了，当时的我因联系断开而痛苦，又在争吵中对妻子造成伤害。实际上，除了我之外，还有许多人正在遭受联系断开的伤痛，但他们全然不知自己已经因此离群，并且深受其害。

关键在于，你我都要深刻认识到这一点。多数情况下，我们都无法自主意识到这样的现实，可一旦有所察觉，内心便会感到痛苦。我们的行为伤害了别人，而又并非出于本意。基于这一点，我得先给你打好预防针，因为这个过程可能会令你十分难受。例如，你现在和以下这些人相处得如何？

- 你的父母
- 你的配偶
- 你的孩子

- 你的老板
- 你的朋友
- 你的同事

当你恍然大悟，感叹“啊，原来我做得还不够好”时，自然就想找根大棒敲醒无知的自己。我认识的一位董事长，直到最近才意识到，自己过得简直就像单身贵族一样自在。天呐，他可是已经结婚10年的人啊！终于，他开始认识到自己给妻子带来的巨大伤害，认识到自己的失职和无能，所以，你能想象他有多痛苦吗？其他接踵而来的现实也几乎将他淹没，因为他的孩子、父母、朋友也都会受到影响。妻子失望至极，不过，他终于开始从自己的世界中跳出来，开始有意识地做一名称职的丈夫。

我们的另一位合作伙伴，美国中西部一家小公司的董事长，在事业上一直表现良好。和他稍有接触，你就能感受到他的影响力，以及力量强度。一直以来，他都努力工作，也积极开展有益于社群发展、家庭和谐的活动。可即使收获了社群与公司的尊重，也没有一个人想待在他身边。他从不停车，总是铆足了劲儿向前冲，一路撞人。用他的话来说，就是“思考者”从未停下思考的脚步。

学习5个挡位理念后，他才恍然大悟，明白大家为什么会对自己避而不及，为什么极少邀请自己参加社群聚会。

他总是盛气凌人，气场过足。人们试图了解他，却发现他根本不看重社交活动，认为那是在浪费时间。孩子们已经长大离家，妻子也有自己的事业，于是，他就一直工作，从未停过。渐渐地，他听到团队里有声音说他是个统治者，可他明明觉得自己是个开明的解放者啊！知道自己让别人痛苦，实在太难受了。

我们的解决办法很简单：将一天细分成多个时间段，并了解人们在这些时间段里需要什么。我们向这位董事长说明参与社交活动的必要性，以及他与员工在联系上的不同之处。现在，他已经意识到这一点，也开始处理自己的现实问题了。

痛苦也可以是好的，就像身体以发烧对抗病毒，痛苦有时可以促使我们足够关注问题。因此，如果你在某个领域感到痛苦，那就勇敢面对吧。记住，我们会帮助你进入自主意识阶段，但你也许需要几年时间才能达到这个水平。

我们将尝试让忙碌不堪、自我膨胀或情商缺失的人摆脱社交上的无意识，避免出现以下问题：

- 大家一看见你就开始沉默、冷场。
- 大家忽略你，甚至躲着你。
- 大家不再把时间花在你身上。

◆ 在最重要的问题上，大家不再信任你。

◆ 总拿你开玩笑，并且认为这无伤大雅。

◆ 你在家时，孩子们便不会高兴，因为你总是摆出一副苦瓜脸。

让我们认清现实，处理伤痛，创建全新的、富有成效的生活和领导关系吧。

在本章的最后，让我们进行一项关于想象力的练习。首先，想象你与伴侣或者其他你在乎的人，度过了最美好的时光。你们迈着同样的步伐，谈笑风生。想象自己被对方欣赏、珍惜。没有什么事情能让你分心，你们相处时就是你一直期待的状态。

接着，想象你的孩子（如果有的话）。想象他们非常尊敬你、爱你，你也怀着爱意和欣赏的心态与他们相处。相信我，你离想象中的自己并不遥远。

最后，想象你正在工作。团队或公司的同事无比重视你。因为学会了以正确的方式融入工作，你的影响力“蹭蹭”上升，情商也像开了挂似的，不断提升。

你可以成为这样的人，可以到达人际关系金字塔的最高层。充分运用 5 个挡位，改变生活方式，你就有机会收复多年来因为忽视、自我膨胀、忙碌而失去的关系资本。

一直以来，我们都致力于创造有弹性且可持续的简单工具。

在前文中，我们已经通过举例向你说明需要融入当下的理由，也帮助你认识到，联系断开或无意识社交，将带来怎样的痛苦。现在，是时候学习一门能改变现状、实现高效领导的新语言，是时候挂挡上路了。

第 2 部分

如何成为很厉害的人：5 个挡位

驾驶不是一件容易的事，需要你全神贯注，当机立断。当领导者也是同样的道理。领导者在沟通想法、管理下属、解决问题的同时，还必须集中精力应对自己的个人任务与目标。一切都没那么简单。

第 3 章

人生如驾车，懂得换挡才能轻松驰骋

回想你的第一辆车，想象自己第一眼看到它、凝望它的场景。打开车门，坐到驾驶座……你一直梦想能像大人一样开车，听他们描述自己的第一辆车也很有意思，尤其是当那辆车具备独一无二的性能时。即便那不是一辆新车，也一定有某些深深吸引你的地方。

但想象第一辆车是一回事，想象第一次开车又是完全不同的另一回事。有些人的第一辆车可能是手动挡汽车。还记得老式汽车的驱动器长什么样吗？还记得你试图开车上路，手忙脚乱地踩了离合和油门，结果车子忽走忽停，齿轮发出的“吱吱”声吗？就算你不记得了，我也敢肯定，坐在副驾驶位置的人一定记忆犹新。

驾驶不是一件容易的事，需要你全神贯注，当机立断。当领导者也是同样的道理。领导者在沟通想法、管理下属、解决问题的同时，还必须集中精力应对自己的个人任务与目标。一切都没那么简单。成为一位好领导与做一位好司机有异曲同工之妙。如果能够悉心观察，频繁练习，那么随着时间的推移，你将逐渐掌握领导的节奏，驾轻就熟。尽管在开始的几年里，你难免会感到紧张。

我的第一辆车是 1972 年产的阿尔法·罗密欧 GT2000。它外观时尚，一身靓丽的苹果红，双门型，配置 5 速变速器。对于一名生活在俄克拉荷马州中部小城市的 16 岁少年而言，它就像詹姆斯·邦德一样帅气十足，“无车能及”。彼此交替的雨刷，流畅的车型线条，无一不显示出其与众不同的欧洲风范。不过，这辆美丽的古董车最耀眼的地方在于它典雅的原木元素，其方向盘和手动挡的手柄都由上好的胡桃木做成。

遥想当年，真的是苦了这辆新车了！当时的我，充其量就是一个正在适应手动变速器的菜鸟，因此它不得不容忍我频繁换挡、犹豫不决地踩离合。我必须练习换挡，学习根据引擎的声音辨别最佳换挡时机，然后顺利地从一个挡位过渡到另一个挡位。

随着对自己的驾驶技术越来越有信心，我开始干起傻事来，例如，跳过第 1 挡，直接用 2 挡起步。当时的我认为用 1 挡起步是在浪费时间，以为能跳过其他挡位，尽可能快地换到第 4 挡或第 5 个挡。这简直大错特错！没多久，我就受到了教训。先不提对引擎造成的损害，仅是额外的耗油，以及行驶过程中汽车的摇摆不定就足够让我头疼。

20 多年过去，我搬到了英国的一个小乡村，租了一辆车。一打开车门，我就为眼前的场景感到惊讶。方向盘位于右侧，手动变速杆则在左侧，因为英国人认为靠左行驶才是正确的。仅仅适应方向盘和变速杆的位置变动已经非常困难，现在还要在相反的路上行驶，开车变得更有挑战性。在伦敦的小街道上开车时，我只要集中精力换挡就可以了，因为完全顾不了其他！

刚开始总是惊险不断，用言语来形容便是：吱吱摩擦的齿轮，不绝于耳的喇叭声，突如其来的摇晃以及其他各种恐怖状况。

5 个挡位，彻底清除社交痼疾

车子换挡与生活节奏、历程存在相似之处：每个挡位都有对应的位置和适当的使用时间。每个挡位也都有可能在错误的时间被错误地使用。搞清楚这一点，你自然就能把车开得又稳又快。但如果挡位没换好，往往会置汽车和人于危险的境地。

使用第 1 个挡位，意味着即将前进到第 2 挡、第 3 挡，甚至第 4 挡、第 5 挡。每个挡位都有各自的使命，理解这些使命，并将这套理论应用到生活的“驾驶”中，适时调整每天的挡位、速度和行驶状况，你就会进入一段顺畅无阻的旅程。相反，要是和我开车一样胡乱换挡，结果只会提升尖叫分贝，招致各种人生引擎问题。

5 个挡位理念是围绕手动变速汽车，或手动变速杆进行的一个比喻。大部分欧洲车配置的都是手动变速器，而美国车的变速箱则大多为自动变速器。但不管何种汽车，都会从 1 挡起步，一直提到 5 挡（要是你的车特别贵，还能有第 6 个挡位）。再加上倒车挡，一辆车也就只有六七个挡位。不过，为了方便理解，我们还是用 5 个挡位作为整个比喻的主题。

每个挡位代表着不同模式的生活、领导、工作和休息方式。我们将分别针对每个挡位做具体阐述，并通过举例的方式，帮助大家理解这种实践观，从而逐步平衡工作与生活，提高情商。

首先，让我们关注挡位的排序状况，如图 3.1。

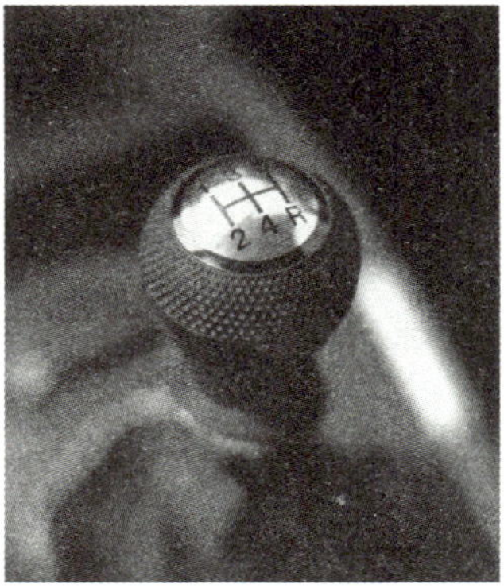

图 3.1　5 个挡位

同样的想法也适用于我们的比喻当中：要想成功领导自己，恰当处理人际关系，你的一天就要从第 1 个挡位开始，之后再转换到其他挡位。开车时，你也可以任性地从 1 挡直接转换到 5 挡，但我们不建议这样做，因为后果不堪设想。你也可以从 3 挡转换到倒车挡，但我们同样不提倡这种做法。好好想想后果吧。优秀的驾驶员知道什么时候换挡，什么时候不。优秀的领导者也一样，他们总能游刃有余地处理挡位问题。

- 第 1 个挡位代表能量满格。
- 第 2 个挡位代表与家人、朋友或者同事的相处。
- 第 3 个挡位是社交挡位。
- 第 4 个挡位是引领我们集中精力处理多重任务的工作挡位。
- 第 5 个挡位是能让我们不被打扰，“进入状态”的专注挡位。
- 倒车挡是响应挡位。它会在我们需要后退、重新出发或道歉时发挥作用。

每个挡位都有特定的作用，拥有专属的位置。坚持运用以上挡位，你会发现，这种简单的语言开始让人与人之间的对话变得客观、真实，不再充斥主观判断，或者显露出高高在上的态度。但如果每个人都使用不同的语言，接收到的就只会是主观臆想和不屑的态度。学习 5 个挡位理念，可以让你凭借简单的符号语言，甚至只是一个手势，就能准确描述自己当前所处的挡位，从而提高谈话成效。

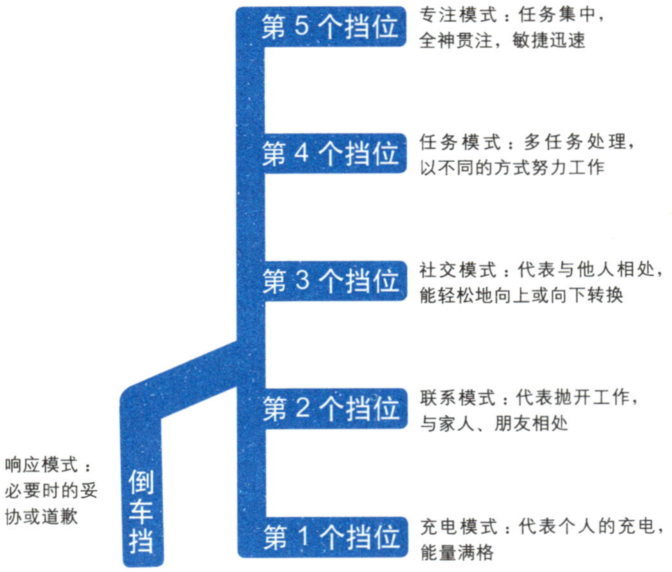

图 3.2　5 个挡位工具

图 3.2 以视觉形式呈现了 5 个挡位的细节和内容。许多人都将它挂在了办公室的休息间里，或家里的冰箱门上。

生活中，每个人都有任由自己支配的专属变速器、5 个挡位以及响应挡位。有些人光凭直觉就能正确转换挡位，就像驾车多年的老司机，可以熟练、轻松地在不同挡位间切换。他们并不需要刻意分析自己的挡位，凭感觉去做即可。

但并不是人人都能如此顺利。你也许未曾意识到，自己已经破坏了社交礼仪，或忽视了工作与生活中的人际关系暗示。当你在处理人际关系方面遭遇挫折时，5个挡位就是帮助你辨别当前处境的线索，是你恰如其分与人相处、规避社交失误，甚至修复受损关系的关键。掌握以上挡位的使用方法，有助于你进一步开启人际关系的大门，打造前所未有的个人影响力。

我花了好几年的时间，才真正掌握5挡变速器的使用方法，才做到轻松、优雅地摆动变速杆。而在学习如何转换生活中的人际关系挡位上，我投入了更多时间。我始终坚持着这一理念。如果不是多年来不间断地练习，以及有意识地将挡位和当下情景进行匹配，我不可能取得目前的进步。

日常生活中，我们都会面临一两个连通性问题。

- 在特定时刻，我们大都不太清楚自己使用的挡位。
- 生活中，我们也很少了解他人使用的挡位。
- 我们很少花时间练习操作各个挡位，以及换挡。

因为缺乏认识，又不勤加练习，我们不得不忍受以下痛苦现实：成为工作狂，遭遇社交尴尬、无情的批评讽刺，与家人、伴侣、团队的联系断开等。想想，已经有多少段婚姻是因为双方没有掌握换挡的方法，保持情感融通而支离破碎。再想想，又有多少员工因为情商低下，不懂转换挡位而被解雇。

1 套语言，精准拿捏沟通分寸

在 5 个挡位的比喻中，每个挡位都有其健康和病态的一面。有些人在转换挡位方面得心应手，有些却力不从心。你也许听过某些未能适时转换挡位的人说过这样的话：

- “我不懂，为什么他们总是误解我的意思。我早就说过了……”
- “妻子应该理解我，现在正是忙的时候。我已经告诉过她，手头的工作有多么重要。”
- “他们总是不明白我的话，太伤脑筋了。”
- “我拼命工作，有时甚至不得不用一些非常手段。为了这个家，我付出了很多，好在他们还算理解。”
- “我早就知道你要说什么，所以不想再听了。”

断开联系，不仅会令你的生活一团糟，还会连累身边的人。

也许你会怀疑，5 个挡位真的能治好社交痼疾吗？当然，答案是肯定的。恰当使用这些挡位，换来的将是高效工作、与爱人更亲密的关系，以及个人能量满格。相反，挡位的不恰当使用，将导致生活中各个领域的联系断开，包括工作、家庭、朋友关系等。

我们会在后文中详细介绍每个挡位，包括健康与病态挡位的使用秘诀，帮助你迅速理解并运用到生活或企业文化中，成为一位值得追随的领导者。

语言既可以让我们建立联系，也能导致隔阂，甚至决裂。从小父母就告诫我们，不能口出恶言。使用 5 个挡位的语言，可以帮助你在矛盾即将爆发之时，以一种不伤害对方的方式传递信息。例如，发现员工在工作时间聊天时，你或许会说："快干活儿吧！你们总是垫底。要知道，这里并不是日托所……"但如果大家都懂得 5 个挡位的语言，你大可以简单晃动 4 根手指头，笑着提醒他们："嘿，大家……"轻轻松松就把办公室的挡位从 3 挡转换到 4 挡。语言能够治愈创伤，但也是一种致命武器。恰当使用，它可以指导人们提升自己，帮助他人。

作为加利福尼亚州南部 Har-Bro 企业的董事长，L.V. 汉森曾这样解释 5 个挡位：

5 个挡位简直是团队游戏规则的颠覆者。爱因斯坦说过："如果无法向一个6岁的孩子解释清楚某个问题，说明你根本没有理解。"天才之美在于简洁。简单易懂的5个挡位就是天才语言。它能在我们重建领导语言的过程中，提供使用简洁有效的语言、解决潜在尴尬、化解冲突的办法。

与同事一同进餐时，如果我一直对某个工作问题喋喋不休，他就会笑着提醒我"该转换到第3挡了"，而不是不耐烦地让我闭嘴。这么简简单单、毫无恶意的一句话，就能让我认清自己所处的挡位，知道应该怎样调整。他肯定了我所说之事的重要性，没有责备我一直停留在错误的挡位上，而是予以温馨提醒，让我融入与他人的相处中。这正是我在"压力山大"和懊恼沮丧时所需要的，尽管以前我总是无法在这种情绪下很好地解决问题。

文字同样重要，因为语言正是基于我们对文字的理解。致力于定义、练习使用词语，我们将创造更加意蕴深远的文化，也会变得更积极、富有行动力，而不是深陷负面情绪或不安状态无法自拔。

我的朋友，一位名叫唐·沙费尔的词曲作家曾说，歌词是具象与抽象语言的结合，最好的歌词往往很好地结合了这两大类别的词语。我们在领导、指示他人，或与他人对话时也一样。

你当然可以直接告诉某人“你需要提升领导力”，但作为一句陈述性说明，它的形式是抽象的，但也可以通过具体的例子和特定的语言，为他描述提高领导力的方法。

事实上，你可以说，“我建议你学习如何让团队成员更加齐心协力，因为你好像在制订目标上遇到了困难”，或者说，“有时候，你与团队成员的交流过于情绪化，这会削弱你的影响力”。不管是什么类型的领导问题，使用抽象语言交流将导致人们对你逐渐失去耐心，甚至开始质疑你的领导能力。

注意分析你的语言。传达信息时，你是否结合了抽象与具象语言？或者，你只是一味地使用抽象语言？语言能够提供指导，奠定基调。想有效沟通的话，请认真分析你的语言。

5 个挡位的妙处在于，它提供了主观且具象的语言，帮助我们更有效地调整自己的连通性。将这套语言模式运用到日常生活中，不论你处于哪个年龄段，是什么身份，情商都将得到很大提升。

现在，想象一下办公室充满自由与轻松气氛的样子，彻底告别负面情绪。而这一切，需要从一套简单、精确的共同语言开始。一套清晰、客观的语言能消除词语和概念的主观歧义，化解误会和冲突。

来自佛罗里达州的工程师帕特·多诺万，将这一理念应用得淋漓尽致。

5 GEARS 影响力加油站 引擎决定你能走多远，挡位决定你走得是否轻松

晚上下班回家，我与6岁的女儿米亚一起做学校布置的手工活。完成后，我们开始分享这几天发生的事情。当时，我特别提到了5个挡位，并掏出5个挡位的图表给米亚看。她立刻理解了这个理念，对我说："爸爸，这就像我们的音乐课。渴望学习的孩子处于第5个挡位，顾着说话的孩子就在第3个挡位，而其他想学但又总是分心的孩子就在第4个挡位。"接下来我和米亚谈到，老师要让处于不同挡位的人完成同样的学习目标，是一件极其困难的事情。父女俩兴致勃勃地讨论这个理念，分享同一种语言，是一件多么有趣、有价值的事情啊！

开车时，我习惯使用标准手动挡，非常清楚根据路况及时转换挡位的重要性。只有当挡位与周遭环境匹配时，行驶才能一路顺利，畅通无阻。但周遭环境又常常变化，这时就要及时调整挡位和速度。

驾车上山是一个很好的例子。驾车上山的关键在于保持汽车的挡位与环境的协调。如果行驶中遇到了麻烦，那很可能是汽车挡位与周遭环境不匹配。不管挡位是过高还是过低，错误的挡位都会招致人和汽车的损害。

我认为，将该理论套用到工作或生活中会同样有效。

但区别在于，车子（人）会在旅程中产生累积效应。挡位与汽车马力和油耗有关，漫漫长路更需要消耗大量能量以尽快到达目的地。同样地，在生活或工作中，保持挡位转换平衡能确保你真正到达目的地。即使一些车（人）的引擎更有力，但还是离不开挡位的平衡，以确保自己不会撞车。

我喜欢听世界各地的朋友分享自己的现状。帕特真正把 5 个挡位理念应用到了每天的工作和生活中，你也可以。下面，我们将展示 5 个挡位不仅能提升价值，还能治愈联系断开带来的痛苦。

在如今的社会背景下，要一直保持工作与生活的平衡并非易事，我们花在社交媒体、娱乐、工作、家庭与个人的时间，总是难以完美协调。5 个挡位真的可以分配好我们的时间吗？真的能修复人际关系，提高情商吗？答案是，当然可以。

TRI 领导力资源公司董事长瑞安·安德伍德，向我们分享了自己在工作中使用 5 个挡位理念并取得明显进步的故事。

5 GEARS 影响力加油站 iPhone 是精力充电站还是精力黑洞？

作为一个富有创造力的内向者，我常常需要借助各种 APP 进入第 1 个挡位（恢复精力）。我会在超过 700 个 APP

中汲取知识和营养，甚至认为手机消耗的每一格电量都转移到了自己身上。于是，每当需要充电放松时，我就会掏出 iPad 和 iPhone。

科技如此发达，所以，当家庭活动中断时，我会立刻掏出手机浏览信息，然后再迅速回归到活动中来。至少，我的基本原理是这样的。

然而，我那开朗的妻子可不认为手机是精力充电站。在她以及朋友、孩子们眼里，手机是一个破坏者、一种断流器，或者说一台粗鲁的设备。在她的字典里，史蒂夫·乔布斯的杰作只是一种该死的发明，因为在我心中，苹果产品比她更具吸引力。里面的 APP 就像一个黑洞，将我的时间、能量和注意力统统吸进去，并最终把我整个人都带走了。

久而久之，我们夫妻之间的感情出现了问题。我继续在手机里挖掘信息，因为它能让我感到充实，实现提升。妻子越来越沮丧，一看到我的手机就开始生气。在她看来，我是在和手机过日子，心里完全没有这个家。你可以想象我们双方僵持不下的情形。

碰巧就在那段时间，我们接触了 5 个挡位理念。它拯救了我的苹果产品，大大改善了我的婚姻关系，还为孩子立下了好榜样（我知道她们终有一天也会沉迷于手机而忽略爸妈）。我们掌握了 5 个挡位的语言，以及各挡位意味着什么。

现在，妻子不再威胁要把我的手机扔出窗外，而是温柔地问：“我们现在处于哪个挡位？”听到她这样说，我心里好受多了，并且通常会回答：“第 2 个挡位。”这样，妻子也得到了她想要的答案。我把手机收起来后，便不再有无止境的争吵，以及紧张的夫妻关系。我们都转换到了第 2 个挡位，享受属于彼此的时间。

这就是 5 个挡位的秘密。它是一个清晰的概念，能够运用主观语言和实际信号帮助我们融入当下、驶进正确的轨道，并在不同的环境里选择最合适的挡位。

随着我们慢慢展开，你会对 5 个挡位有更清晰的认知。我们将更多地讨论倒车、空挡，以及如何在工作、家庭和个人生活中转换到正确的挡位，成为一位健康、成熟的领导者。

第 4 章

第 5 个挡位：专注的力量

你是否曾在全神贯注处理完一项工作，抬头看时钟时，被时间的飞逝所震惊？想象一下你全身心投入一项工作，大脑飞速转动，不被任何人打扰的情景。这就是第 5 个挡位的特有模式。

你或许并不了解开启第 5 个挡位会是怎样的状态。也许有那么一两次，你完全沉浸在手头的任务中，周围的一切仿佛消失不见。但实际上，你并未掌握维持长期专注的能力。如果真是这样，还请你振作起来。我们都同时处理过多重任务，加上电子科技每时每刻都在卖弄“分心伎俩”，仅仅意识到我们需要转换为第 5 个挡位已属不易，更别说长期保持这种专注状态了。

第 5 个挡位是专注挡位，因此高度专注、高效工作的能力尤为关键。在别人眼中，进入这个挡位的人仿佛都在发呆，因为他们全然不会注意周遭的嘈杂。也正因为这一点，他们往往会忽略最恰当的换挡时机。

马力全开，超速运转

“那么，我怎样才能进入第5个挡位？”你也许会这样问。

开车时，汽车引擎会告诉你换挡的最佳时机，工作也一样。把门关上，退出邮箱，让大家知道你将转换到第5个挡位，准备超速运行。成功进入第5个挡位后，你的生产力将达到巅峰。

当一辆汽车选择了超速挡，它的引擎就能以较低级别的能量维持较快的速度，单位油耗也会相应减少。因此，如果想要汽车保持更快的速度，超速挡就是最好的选择。

你可以进入超速挡吗？以下几个要点能帮助你理解超速挡与第5个挡位之间的关系。

- 第5个挡位使持续快速行驶成为可能。
- 对工作满怀热情，或者自信能够胜任工作，就是进入第5个挡位的最佳时机。因此，虽然我们实际的引擎速度偏低，但持续行驶速度则会偏高。
- 实现高水准和高速度需要的能量更少。专注将带来高水平的生产力。
- 第5个挡位可以长时间保持较高速度，实现丰硕的产出。但需要注意的是，人们不可能一整天都停留在第5个挡位里（引擎也一样）。

许多人习惯在做年度或月度计划时进入第 5 个挡位。机械、创意、IT 或医学领域的从业者，还会将进入并维持在第 5 个挡位，作为日常工作的一部分。例如，工程师一心埋头做设计，IT 人员顾着处理项目，室内设计师、外科医生或牙医也是如此。尽管从事某些特殊职业、担任某个特殊角色的我们，会不自觉地进入第 5 个挡位，但多数情况下，还是需要重视并自我调控。

高层领导者或许会将第 5 个挡位视为策略挡位，这时他们会专注于工作，思考长期发展计划。这些思考可能包括梦想、视觉设计、观念拓展以及生活和工作中的主要变化等。

下面这个故事可以让你直观感受第 5 个挡位的状态。杰夫是一位连环创业者，目前已在美国参与了多个不可思议的大项目，也因此每天必须管理多个团队。他是我认识的最出色的人物之一，总能为需要他帮助的人预留时间。碰巧的是，他也是 5 个挡位理念的拥护者。他将根据亲身经历，讲述如何在项目中进入第 5 个挡位。

学习了 5 个挡位理念后，我便将它应用到日常生活当中。它帮助我认识到自身的失败。我一直活在第 5 个挡位或超速挡（战略思维）之中，而经理们却经常停留在第 4 个挡位。他们总是需要参与不同的工作，有时还不得不转换到第 3 个挡位。尽管我不停要求他们“快来第5个挡位和我汇合啊”，可我依然孤零零地一人。他们似乎永远无法进入第5个挡位。

其实，我只是要求他们一年中能有几天转化到这个专注挡位，与我共同商议未来一年的战略计划。5个挡位让我意识自己的沟通存在问题，明白如何更好地与团队交流，以使我们能在同一时间进入同一挡位。

现在，杰夫能根据5个挡位理念向团队描述自己的需求了。与此同时，他还能帮助下属进入第5个挡位。如果你认同杰夫的故事，并且希望帮助自己的团队，请考虑以下几点。

- 设定期望。如果希望所有人同在第5个挡位，你就需要在会面前告知他们，并预留一段换挡时间，让大家做好在不同挡位上运行的心理准备。
- 选择在办公地点之外的地方会面，让他们远离日常工作任务。
- 讨论期间，请经理们将其在第4个挡位上的任务分派给他人。
- 请经理们在离开办公室时，设置自动回复功能，确保工作任务不会影响策略讨论会议。
- 以一些能引发经理思考的小练习作为开场。例如，请他们列出未来3年里，对公司的5个期待。

- 请大家说出真实想法，比如对未来的理解，也可以提出异议。聆听并提供自由讨论时间。
- 表达你对各种反馈的期待，并对你眼中的第5个挡位加以阐述。
- 提问：在第5个挡位状态下，他们希望从你这里得到何种支持。

记住，设计5个挡位语言的目的在于，帮助你在正确的时间，转换到正确的挡位上。更具体地说，不管是在工作还是在家庭中，第5个挡位都能让你进入最佳状态。

当高度专注撞上团队合作

对于大多数人而言，第5个挡位是私人挡位，在我们需要专注工作，进行战略性思考，集中精力攻克某项任务时，第5个挡位无疑是最好的选择。然而，在我们所处的团队里，每位成员之间都是互相影响的。

如果你已久经职场，估计不会对“开门政策”这个词感到陌生。你的老板也许说过这个概念，并随时打开自己办公室的门，鼓励员工进来与他沟通交流。

然而，开门政策的问题在于，它常常导致当事人在需要专注的时候无法高效工作。事实上，这并不是开门与否的问题，而是办公室里的人能否与同事产生联系的问题。下面是我们的客户安德鲁在福特汽车公司里运用5个挡位理念的情况。

5 GEARS 影响力加油站 领导者的迷思：开门还是关门？

去年，我升职了，负责管理一个16人的团队。对我而言，执行开门政策至关重要。我以这样的方式鼓励团队成员走进我的办公室，与我畅快讨论问题，哪怕只是单纯聊聊天也随时欢迎。然而，当我需要专注于工作时，它的问题就显现了。

开门政策带来了一系列挑战：让我无法专注工作，让我被原本应该下属解决的问题围绕，甚至让下属遭受不公平待遇。光是解决问题就耗尽了我所有精力，我完全没有时间关注团队成员的发展。逐渐地，开门政策失去了存在意义。

就在那时，我向团队成员介绍了5个挡位理念。我们讨论每一个挡位的含义，以及利用5个挡位平衡生活与工作的方法。他们都接受了这一理念，还与我进一步讨论了如何将5个挡位作为一种共同语言引入公司。

现在，如果在专注模式下碰巧有同事前来“打扰”，我就会举起手掌，说：“我正处于第5个挡位，稍等一会儿好吗？”这样的话语不会引起尴尬或矛盾，因为对方清楚，大家都只是想把事情做好。遇到要紧之事，我会先停下手上的工作，重新调整自己，帮助他们解决问题。但如果情况相反，我会记录下来，确保自己完成眼前项目后即刻处理。

5个挡位理念帮助我，避免在处理闲杂事务时，在沟通上产生不愉快。此外我还发现，团队成员将这套语言应用到与他人相处的过程中。现在，即使有人忙于正事，顾不上与他人沟通，也不会出现“有人在饮水机旁埋怨谁不善于团队合作”的情况了。大家都清楚，一切只是因为时机不对，并且当所有人同处第3或第4个挡位时，便能重新恢复状态。

安德鲁的故事有力地证明了，5个挡位确实是一项能在工作中产生出色效果的实用工具。这种新语言之所以会诞生，正是因为我们常常为不能与家人或同事顺利沟通感到沮丧，是我们的经历（也是我们的失败）孕育了它。现在，我们仅仅通过一个符号，一个手势，或者一个词语就能顺利沟通，让他人知道我们当前所处的状态，而无需感到困惑，遭受责备。

尽管诸如杰夫和安德鲁这样的正面例子不胜枚举，但事情没有绝对。例如，汤姆因为长期处于第5个挡位而错过孩子的成长，自己与朋友小聚时，也总是换来妻子苏珊的一脸不满。

第5个挡位大有帮助，但破坏力也不容小觑。有些人会尤其喜欢第5个挡位，渴望进入这个挡位，想要一直躲在自己的小世界里，但问题在于，长期停留或频繁转换到第5个挡位，将导致联系断开。最终，第5个挡位的“狂热分子”会发现自己与他人的关系非常紧张，包括亟须沟通的团队成员、等待报告的老板、等待丈夫（或父亲）回家的妻儿。

沉溺于第5个挡位的人，也许会渐渐鄙视那些倾向于停留在第2或第3个挡位的人。实际上我们不难发现，内向者比外向者更容易进入第5个挡位。这并非毫无根据，因为第5个挡位赋予内向者思考、处理和行动的时间。而对于外向者来说，这些更像孩提时因为犯错，被父母斥责后的自省时间。

理解第5个挡位的关键在于，确认自己当前所处的位置、学习从他人身上读取信号，并且反省自己是否需要换挡，跳出最爱的第5个挡位。

不合时宜的专注=错过

受困于第5个挡位的人通常不会意识到或承认自己错过了什么。第5个挡位会导致个人产生狭隘之见，继而错失与人交往、学习新事物的机会。换句话说，他们将失去鼓励朋友接近自己的机会。

如果看过NBA，你肯定不会对“亲亲镜头”感到陌生。在比赛的商业广告节目时间里，摄像师会在观众席中找出一对男女，让他们投影在大屏幕上。通常情况下，被选中的男女会在众人的起哄下，给对方一个爱的亲吻，但他们也会有遭遇尴尬的时候，会不太愿意在2万名观众面前玩这种游戏。

位于纽约麦迪逊广场花园的球场上就上演过一场有趣的亲吻闹剧。这一幕恰好被英国留学生雨果·戴维斯捕捉到，并上传至YouTube。现在，让我们看看镜头中的小伙子是如何因为沉溺在第5个挡位而错失良机的。以下是事情的详细经过。

亲亲镜头里先是出现了一位女士，但她并没有得到男伴的回应。思维敏捷的女士立刻狠狠地报复了自己的男伴——与旁边另一位男士来了个热情的拥吻！

“我正在录制亲亲视频，那是我第一次现场直击亲亲镜头。”戴维斯告诉《时政新闻观点评论网》（*The Blaze*），“大部分人都能接受这个游戏，并且亲吻他们的伴侣。可是，这个突如其来的插曲把我吓了一跳。当这位女士亲吻旁边的陌生人时，我简直惊呆了，难道她不是第一位男士的女伴吗？跟着，观众席沸腾起来了。”

在视频中，我们能看出这位女士试图引起伴侣的注意，无奈他只顾着看篮球比赛，对女伴的呼唤不予理睬。于是，这位女士转过身来，和旁边的陌生男士来了个拥吻。直到此时，女士的伴侣才回过神来。

戴维斯告诉《时政新闻观点评论网》，一切似乎发生得顺理成章。女士的伴侣立刻站起来，准备狠狠教训那个陌生人。戴维斯补充说："在接下来的比赛中，他的脸涨得通红。"

每天都有数百万人与机会擦肩而过，因为他们被困在第5个挡位却浑然不知，或者在错误的时间里进入了错误的挡位。他们错过的，可能是一次亲吻、一次晋升，也可能是一次感动并鼓励他人接近自己的机会。

持续处于第5个挡位，你也许能凭借高度专注和高生产力获得较好的收益，但同时也可能养成不良习惯。倘若不及时作出调整，还将陷入不可知的痛苦黑洞中。秘诀在于，了解自己，领导自己。你了解自己的另一面吗？

记住，第5个挡位是专注挡位。在你需要进入状态，集中精力完成某个项目、某项任务或创作时，它就相当于汽车的超速挡。理解5个挡位的秘诀在于，学习转换到正确的挡位，实现影响力的最大化。

以下是一位伟大的父亲指导儿子认清困境的故事。故事主角是亚特兰大基安全球公司的高级投资经理丹·弗雷。

5 GEARS 影响力加油站 男人间的对话：你不需要时刻保持优秀

5个挡位理念虽然简单，在工作中发挥的作用却不小，甚至令人不可思议。但其中，我最喜欢的5个挡位体验，还是与家庭有关。

现在，我可是肩负重任，承担着培养出改变未来世界领导者的责任。我的儿子山姆今年16岁，到目前为止，各科成绩都非常优秀。10岁时，他突破了空手道黑带二段，并在上高中后转而参加越野跑项目。他是一名热心的童子军，还将在17岁前跻身美国“鹰级”童子军行列。在美国未来的商业领袖竞争中，他排名第15位。最重要的是，他本能地将关心别人视为己任。不得不说，他注定要成为一名领袖。

几个月之前，我注意到山姆正默默承受着巨大压力。尽管他仍旧保持着积极向上的态度，但神经绷得非常紧。

一天早上，山姆正在吃早餐，我把关于5个挡位的书全推到他面前。我从来没有向他讲解过5个挡位理念，于是对他说：“看看这个。现在我到楼上换衣服，等我下来的时候，告诉我你的想法。”当我再次下楼时，他看着我的眼睛说：“爸爸，我现在困在第4和第5个挡位里了。”儿子小小年纪就能驾轻就熟地进入第5个挡位，但却想不起上一次进入第1个挡位是什么时候了。

一方面，我想表扬他一直以来的不懈努力，但作为父亲，我更关心他是否压力太大。任何一个男人都知道，表现出自己脆弱的一面不是什么容易的事情，尤其是在父亲面前。我相信他不会走到我面前，承认自己扛不住了。但在那一瞬间，5 个挡位理念让我们产生了联系。他需要听到的是“稍稍放松一下，给自己充充电，和朋友、家人玩都是被允许，甚至是必要的”。

5 个挡位理念以一种史无前例的方式，让我和儿子站在了同一阵营，产生的效果也立竿见影。它给山姆上了重要的一课。他终于知道，只要转过头来，就能看见父亲站在身后，一直默默支持着自己。直到今天，我们还会在家里使用 5 个挡位的语言。

不管是在职场还是家庭中，为了实现融洽沟通，帮助他人摆脱第 5 个挡位的束缚至关重要。我们在帮助他人换挡时，也在帮助他们增强社交意识，掌握提高情商的方法。

使用第 5 个挡位的正确方法

实际上，你完全可以指导他人摒弃个人主观偏见，恰当运用第 5 个挡位。以下是我们提供的几种具体执行方法。

- 如果你即将在某个时间段进入第 5 个挡位，那么请给自己的团队发送邮件，告知这个时间，并提出如果有所请示，请在该时间段之前或之后汇报。

- 在办公室门上挂上“第 5 个挡位”的牌子，也能有效表示你当前需要高度专注（但别一天到晚挂着）。
- 简单竖起 5 根手指也能明确传递信息。

工作中用以表示进入第 5 个挡位的方法举不胜举。然而，在家庭中的表示方法又有所不同，尤其当你没有独立家庭办公室时。下面，听听来自塔尔萨的自由职业者瑞安·安德伍德的故事。

5 GEARS 影响力加油站 自由职业者如何律人律己、保持高效工作?

我有两个女儿，大的 5 岁，小的 3 岁。我和妻子都在家上班，两个女儿总喜欢跑到我们的办公室。对此，我们无比欢迎，并且还会准备糖豆等着两个小淘气来敲门。但有时候，我会觉得烦恼，尤其是在进行重要通话或视频会议时。我不想让孩子们认为爸爸不喜欢自己。还好，5 个挡位帮我解决了这个问题。

我们告诉她们，如果办公室的门关上了，可以先敲敲门，然后推开门问：“你在什么挡位？”在此之前，我已经教会她们用手指数挡位了。所以她们清楚，要是爸爸竖起 3 根或 4 根手指，就可以进去玩。可要是爸爸竖起 5 根手指，她们就应该送上飞吻，然后把门关上。“爸爸正在第 5 个挡位，他换挡以后会来找我们的。”女儿们会这样想。

这两个小淘气知道第 5 个挡位意味着爸爸现在不能被打扰，不仅无法给她们一个爱的抱抱，还不能阻止她们偷吃糖豆。许多次，一看到我伸出 5 根手指，她们就会狡黠一笑，然后像两名特种兵一样，启动隐身模式，去偷吃糖豆了。

如果连 3 ～ 5 岁的孩子都能学会使用 5 个挡位，我敢打赌，你也能教会同事或朋友换挡、进入或退出第 5 个挡位。这样一来，大家就都能轻松进入合适的挡位了。

鲍勃每周需要工作 7 天，每天都需要在电脑前坐足 8 个小时。对此，他深感压抑，思绪也开始恍惚不定。有时候，他会在工作时间去网上闲逛，或者一边制作表格，一边看电视节目。他盼着生活能有点“麻烦”，这样就能和别人产生互动了。每次别人有事相求时，他都能应对自如，很快把事情解决。无疑，鲍勃天生就是一位问题解决者。然而，他现在却处于错误的位置，担任错误的角色。

后来，鲍勃接触了 5 个挡位理念，开始意识到两点：第一，自己在工作中缺乏专注力；第二，尽管面对同事的频繁“打扰”，自己也能轻轻松松驾驭第 4 个挡位。

他终于认清自己无法专注于工作、无法进入第5个挡位的事实，于是下决心做出改变。

我们的一位高级助理为鲍勃做了一个“最佳匹配”的人格测试，并找到了他的兴奋点。鲍勃其实非常外向，却被一个内向者的角色束缚着。他发现与人打交道或从事符合自身价值观的工作时，自己就能保持积极心态，效率也比较高。他需要人们为他的创造力和想象力鼓掌，而这一切与当前的工作环境恰好相反。

鲍勃开始回忆生命中那些富有成就感、能轻松进入第5个挡位的日子。他并非不够优秀，只是不适合当前的职位而已。为了重新点燃对工作和生活的激情，他需要做出改变，在工作中与人打交道，甚至换一份能与个人价值观相匹配的工作。

鲍勃在人力资源部找到了一个更适合自己的职位——企业培训师，主要负责培训新员工、帮助老员工，帮助他们提高工作效率。在这个能够激发天赋、展示热情的职位上，他重新启动了第5个挡位。对他来说，这是一个外向者的角色，能够充分发挥自己的优势。

那么，你呢？是不是也找不到自己的第5个挡位了呢？我们很容易就会扮演错误的角色。在别人眼中，你或许未曾关上门，划出一条界线，表明自己正处于第5个挡位。为了专注于工作，你甚至需要改变自我定位。

5 GEARS
挡位转换指南

不管你是弄丢了第 5 个挡位，还是深陷其中，我们都希望你能在分析过后，认真观察它发布的预警信号，以及应有的健康状态。

预警信号：如果你……，你或许正处于病态的第 5 个挡位。

- 忽视个人健康问题，如精疲力竭、工作倦怠，生活质量受到影响。
- 由于个人工作或习惯，致使人际关系长期出现裂痕。
- 频繁进入第 5 个挡位，并且有转换为病态的第 1 个挡位的趋势。
- 错过关键的、关系未来发展的机会。
- 身边的人在暗示你："你已经变成工作狂了！"
- 吃饭时也离不开电脑和工作，不与他人交流。

- 不再有人邀请你参加社交活动，包括普通聚会。
- 只与有合作关系的人交流。

如何重获健康?

- 很重要的一点是，掌握自己的状态，逐渐习惯将第1、第2和第3个挡位安排到工作过量的生活中。
- 有意识地设置相应的时间框架，告知大家，你将进入第5个挡位。
- 将5个挡位的语言教授给身边的人，以便他们能在你应该换挡的时候予以配合。
- 思考一下，你希望身边的人对你做出何种评价，并相应地调整自己的行为。
- 安排一次家庭旅行，旅途中，关闭电子产品至少48个小时。
- 使用标记物和触发物帮助你适时换挡，并每天练习。

是什么令你成为一名工作狂？这将对身边的人造成何种负面影响？找一个值得信任的人，帮助你回答这两个问题。

在日历上规划好未来一个月的第5个挡位时间，积极练习进入和退出挡位，观察自己的效率以及换挡能力。

只要你切换到第5个挡位，它就能听从吩咐，发挥效力。

现在，我们已经清楚第 5 个挡位的运作，是时候探索下一个挡位，即在这个任务驱动型世界中，几乎所有人都在亲身体验的第 4 个挡位。

第 5 章

第 4 个挡位：应对拥挤不堪的工作与生活

过去两年里，我们与数以千计的人分享了 5 个挡位理念。在每一次分享中，我们又都会提出同一个问题："你最经常进入哪个挡位？" 85% 的人都会回答："第 4 个挡位。"答案也算意料之中，因为我们正生活在一个任务驱动型世界。我们希望自己能在这个世界里如鱼得水，希望生活井然有序，并且能一直保持这样的状态。也正因如此，任务清单以及各种效能工具如潮水般涌入市场。

无论是个人、老板，还是企业，都乐于看见自己或员工的工作效率提升。所以，往往一完成手头的任务，我们就会不知疲惫地开始下一个。一旦创建任务清单，我们就很可能会开始马不停蹄地赶任务，不敢有丝毫怠慢。每一天，我们都在上演"电话—会议—邮件—会议—文案"的循环戏码，甚至在收拾东西准备下班时，还要接受新的紧急任务。

如今，技术的发展速度令人晕眩，大众对社交媒体更是近乎狂热，而我们还总对他人抱有不切实际的期望。当以上情况同时来袭，你难免会感到愤怒、难堪重负。

很不幸，我们成了任务处理机器

任务型思维会形成一种习惯，或者说一种生活方式。一头扎进任务清单后，工作内容就能轻易操控我们的生活。最近，一位开发商总经理告诉我，她不敢想象退出第 4 个挡位后，生活会变成什么样子。每天早上醒来，等待她的永远都是一大堆工作邮件。更好笑的是，她也对他们做同样的事情——半夜三更向同事发工作邮件。显然，任务清单带来的是无尽的烦恼、压力以及工作。她也承认，自己总会被突如其来的紧急任务控制。

这听起来耳熟吗？你每天醒来做的第一件事，也是查看邮件吗？你是否为了快速跟上工作节奏，在洗漱更衣之前就已经开始努力工作了？事实上，我之所以这样问，是因为自己也会偶感困惑。

从睁开眼的那一刻起，我们就面临选择。我们可以美美地从睡梦中醒来，做一些让自己充满活力的事情，包括阅读、锻炼、与人聊天。当然，也可以开始查看邮件，任由工作定下这一天的基调。如果你选择了后者——由邮件或待办事项拉开一天的序幕，那么在这一整天里，你都将被无休止的工作控制。

我知道，为了确保正常运营，这些工作也许非常重要，睡前完成清单上的任务对你们而言也是必须做到的。然而，一旦工作变成一种模式，它将蚕食你的影响力，持续霸占你的注意力。

事实上，进入第 4 个挡位并非坏事。假若能恰当运用，其积极影响非常值得肯定。但同时，正如滥用第 5 个挡位存在风险，过度运用第 4 个挡位的危害一样不容小觑。在运用的过程中，我们需要十分注意。例如，直接跳到第 4 个挡位的举动是不可取的，就像你将车子从车库里开出来时，不能直接从倒车挡转换到 4 挡一样。

你是否留意过，运动员上赛场之前会做什么准备？通常，在更换服装后，他们都会伸展手脚、进行热身，绝不会在走出更衣室后直奔赛场。比赛前的热身能让运动员的身体和思维同步，降低受伤概率。同理，我们每一个人，包括员工、领导及家人，也需要适量的热身，找到一个恰当的挡位，拉开一天的序幕。显然，第 4 个挡位并非最佳选择。

下班后疲惫不堪，却因为心绪不宁，无法入睡？请不要归咎于你下午喝的咖啡或吃的巧克力，要知道，那是过度使用第 4 个挡位引起的恶果。经过长时间的多任务处理训练，大脑自然会接收众多数据、任务以及乱码。我们终日在电脑前工作，不断打开文档又不及时关闭，导致电脑充斥各种信息。更糟糕的是，因为电脑桌面已然乱成一团，你很难快速找到所需信息。这就是被第 4 个挡位束缚的生活写照。

我的一位朋友、著名运动心理学家贾罗德·斯潘塞博士认为，大脑恰如电脑，到了晚上就开始关闭在白天打开的文档，并将其存储在恰当的文件夹中。他还指出，晚上从来不关闭已开文档的人，往往比他人更难入睡。

陷入第 4 个挡位、被工作束缚时，最先受到影响的是我们的睡眠状况、人际关系动态，以及整体思维的平和。先进技术看似有望改善以上问题，但事实上，只会带来更多麻烦。例如，更多的任务、邮件、活动、对话、信息以及压力。

基安全球公司的区域合伙人之一马克·赫林肖根据此话题，向制造业客户分享了自己的见解。“放眼整个公司，所有工程师都活在第 4 个挡位里，每天在流水线前做着应激动作。问题来了便着手处理，信息来了便立刻回复。操作列表被抛诸脑后，日程表里塞满了各种临时任务。”这是许多企业共同面临的问题。上级临时下达的任务往往会成为当天工作的优先事项，个人计划则会延迟到第二天。

马克继续分享了公司推广 5 个挡位理念后取得的进步。“我们正在学习如何更快进入第 4 个挡位。这段时间我们发现，认真规划第 5 个挡位的时间，能够非常有效提高效率。因此，许多人决定在规划时间内‘闭关’,每周 3 次,每次不超过 1 小时。”

从以上案例来看，进入第 5 个挡位确实是一个调整第 4 个挡位的不错方法，尤其当我们感到“压力山大”时。当我们面对堆积如山的任务，亟须提高专注度时，它便能发挥自然转换的作用。仅仅通过约束自我并表明自己需要一段时间专注工作，你就能顺利完成任务，提升成就感，回归到第 4 个挡位。

但如果无法妥善运行第 4 个挡位，我们的生活就会反过来受它掌控，灵魂也将遭受啃噬。任务操控下的我们，性格也随之改变，最终给工作带来负面影响。

了不起的领导者迈克·奥佩代尔是我们的另一位管理合伙人，他近乎完美地描述了自己的故事。

5 GEARS 影响力加油站 公司“一姐”的误解：原来那并不是专注!

我的前任同事、一位名叫谢莉的中层管理者，其工作战斗力非常强，简直就像一枚巡航导弹，是公司里拥有绝对地位的“一姐”。在一次管理层员工会议上，我们引进了 5 个挡位理念。大家感触颇深，受益良多，唯独谢莉始终一言不发。会议结束 3 天后，她请大家一对一与自己讨论领导力问题，并坦言在过去 20 年的领导中，对于个人发展，自己从未有过类似体会。

谢莉在整个职业生涯发展中表现优异，无须为提高效率烦心。学习这一理念之前，她认为自己总处于第 5 个挡位，直到这一刻才猛然意识到事实并非如此。她一直停留在第 4 个挡位，且不断被团队“打扰”。

身为一名外向者，谢莉习惯并且乐于在工作时敞开办公室的门，从未真正体验进入第 5 个挡位的滋味，也未曾专注于提高影响力。作为一位高效执行者，她总是背负全部压力，义无反顾地为团队提供支持。

学习了自我影响圈理论后，谢莉开始认真规划进入第 5 个挡位的时间，效果立竿见影。现在，她完成工作的效率更胜从前，团队成员的支持度也明显提高。此外，谢莉学习家庭影响圈理论后也做出了改变，成果也令人十分欣慰。她开始在下午 5：30 准时下班，与丈夫共进晚餐（要知道，她早就习惯了独自用餐）。

谢莉思想上的一个新认识，足以改变整个公司的人际关系网络以及工作氛围。沉溺在第 4 个挡位中不可自拔的人们，醒醒吧，是时候换挡了。尝试简单转换到第 5 个挡位，专注地解决第 4 个挡位的任务后，再转换至第 3 或第 2 个挡位。

事实上，第 4 个挡位并不总是带来负面结果。假如你想提高工作效率，我会鼓励你转换到这个挡位，并尽可能利用好它。

令人不可思议的是，一些人已经在工作和生活中将第 4 个挡位的作用发挥得淋漓尽致，却学不会正确换挡。

我们为何任由第 4 个挡位摆布？

第 4 个挡位不仅适用于工作，也适用于家庭。但需注意的是，在不同背景下，任务和特点迥然不同。也就是说，我们从第 4 个挡位中醒来、工作，即使回到了家，也只是换了一套衣服，继续在这个挡位里完成另一张任务清单，不得不说这太可怕了！

作为市场营销大师兼全明星领导者、3 个孩子的妈妈，伊丽莎白·保罗曾分享过她的故事。

5 GEARS 影响力加油站 在生活中开启任务模式的正确做法

接触 5 个挡位理念后我开始意识到，自己在工作中一直处于第 4 或第 5 个挡位，甚至在家里也是如此。过去，我并没有意识到自己在家里也开启了这两种模式，因为在下午 5：00 ~ 8：00 的家庭黄金时段里，我会自觉远离所有电子设备。然而，我不过是戴上另一顶“任务帽”罢了。那是我第一次意识到自己从未进入第 1 或第 3 个挡位，真是难以置信。

与大多数职业女性一样，我每天都费尽心思不让工作影响到孩子和丈夫。于是，我总是起得最早，睡得最晚，趁孩子上学的时候拼命赶任务。

基本上我都在第 2 个挡位（面对丈夫和孩子）、第 4 挡位和第 5 挡位里挣扎着，从没有机会为自己充充电。在我看来，第 1 个挡位（个人充电时间）和第 3 个挡位（融入当下的自由时间）更像是奢侈品，不像其他挡位那般“必不可缺”。

诊断后我才恍然大悟，为什么自己总感到疲惫、焦虑。要让所有工作顺利进行，我就必须耗尽所有时间。这意味着，我没有时间去进行非目的性或偶然性沟通（第 3 个挡位），甚至无法停下来自我提升（第 1 个挡位）。尽管我仍未完全调整过来，但承认问题就是改变的第一步！

伊丽莎白的话正中要点。她开始意识到自身的问题，经历了“啊”的顿悟时刻，也获得了改变现状的机会。仅仅通过重新安排社交和个人充电时间，伊丽莎白就能为家庭关系注入新的活力，获得新的能量。

一位业务事件领导者向我们描述了他身处第 4 个挡位时，领导团队的情形。该案例完美阐释了调整和换挡的方法。

5 GEARS 影响力加油站 4 挡、5 挡来回切换 PK 维持在 4 挡

我们的管理团队会在处理事件的大部分时间里，维持第 4 个挡位的状态。因此，在关注及处理事件的同时，他们还能为下属提供帮助。而培训团队则不然，他们处理事件时，会在第 4 和第 5 个挡位之间来回转换。如果需要全天培训，他们就倾向于进入第 5 个挡位。这样一来，整个团队就自然地分成了两组。尽管同样每天工作 8 小时，但大部分时间，这两组人都不在同一挡位上。于是，培训团队完成工作时往往筋疲力尽，而管理团队则仍有足够的精力继续工作。

逐渐地，管理团队开始对培训团队产生意见，认为他们避重就轻，懒惰成性。但实际上，他们只是需要充电时间而已。作为领导者，我发现，这只不过是两种挡位的混合情况，也理解了真实情况。如今，我们有了共同的语言和工具，能够分析真实状况，并采取预防措施。

我们的做法是：提前在处理整个事件的过程中设定休息时间，让所有人都能休息。尽管并不是每个人都需要，但这样做能够避免产生认识上的偏见。

这位领导者不仅能了解、领导自己，还能了解团队。他发现了两个团队的不同状态，并根据他们各自应进入的挡位进行

积极调整，避免了团队成员的负面情绪。我们为何任由第4个挡位摆布？因为害怕让他人失望，还是已经习惯由工作掌控生活？也许会有人说："是的，两个原因都有。"事实上，我们拥有选择权，也希望5个挡位的理念及故事能促使自己重新优化生活与工作，令其更高效、健康。但当我们深陷第4个挡位时，就会失去良好的沟通能力，在与他人的相处中受到限制。

我非常喜欢下面这个故事，主人公是我们的一位客户，同时也是一家大型上市公司的职员。尽管要求匿名，但她仍十分乐意分享自己的故事。现在，请留意她是如何意识到调整需求并及时退出第4个挡位的吧。

5 GEARS 影响力加油站 感谢上帝，我阻挡了不可逆转的悔恨

那时候我父亲生病了，需要好好调养身体。对父亲来说，最重要的当然是保持饮食健康、适当锻炼身体，但那也正是他最不愿意做的。

2014年6月，首次参加完基安全球公司核心管理层会议后，我意识到自己每次与父亲相处时都选择了第4个挡位。我总是不停查看药物治疗信息、谈论饮食、准备食物，为他制订锻炼计划、联系理疗师，却未曾站在他的角度思考问题。

于是我问自己，父亲希望我以什么状态与他相处呢？

尽管还不确定答案，但我肯定得做出调整，因为他早就对我没完没了的唠叨不耐烦了。

从那时起，与父亲相处时，我都会注意转换到第 3 甚至第 2 个挡位。只有在偶尔出现问题，需要提供帮助时，我才会进入第 4 个挡位（我自然不会忽视他的健康状况）。在过去的 6 个月里，他的体重骤减，健康状况持续下降。但如果继续在第 4 个挡位上对他唠叨，他的身体会好转吗？我不知道答案，但我猜答案是否定的。我只知道，要把珍贵的时间更多地花在第 2 个挡位上。

我曾多次与父亲谈起他的信仰，包括他对感恩和永生的疑虑。他讲了许多故事，分享了很多教训。我们还深入讨论了他的外孙——加勒特的未来。父亲已经不止一次告诉我，他和我一样疼爱加勒特，世界上再没有谁比他更爱这个孩子。当然，加勒特同样深爱着他的外祖父。我知道，父亲想与我分享自己对孩子的期许，包括教育、职业、家庭等各个方面，以及一些他希望加勒特去体验的事情。现在，他终于不用担心了，因为我会把这些期许带到加勒特身上，正如他知道的那样。

我们父女之间的关系更加亲密，也更愿意与对方分享和沟通了。之前，我只关心他的身体状况与营养问题，而现在，我还会考虑彼此之间的关系以及他的想法了。

我未曾向他提起 5 个挡位理念，而是直接用行动表现出来。尽管他不一定察觉到了这些改变，但我还是很开心能和他进行亲密对话。

事实上，最后与父亲相处的时光并不多。我感谢上帝，让我在不可逆转的悔恨发生之前清醒过来。我真的不想流着泪悔恨："如果有机会重新来过，我会花更多时间陪陪他，让他知道我有多爱他。"

这就是一位回应型领导者应有的样子。她可以领导自己，在过程中调整自己，让艰难的局面渐入佳境。

第 4 个挡位是工作挡位。真正进入状态后，你就能高效处理多重任务。不过，如果还能在日常生活中适当转换到其他 4 个挡位，你将发现自己在处理多重任务时效率更高。

- 进入第 5 个挡位完成任务，将提升你在第 4 个挡位时的工作效率。
- 恰当运用第 3 个挡位，你将体验到更为轻松愉快的人际交往，个人影响力也会得到提升，因为眼前的工作不再占据你全部注意力。
- 在任务驱动型世界中适当进入充电挡位，你将获得更多能量，内心也将更加丰盈。

◆ 恰当运行第 2 个挡位，将最重要的人排在紧急的任务之前，你将会由此建立健康的人际关系，实现内心平和。

为了自己、下属以及所爱之人，你需要练习如何更好地运用第 4 个挡位，并学习在这种状态中进入其他挡位。如果很难进入这种状态，找一个精于此道的人并模仿他。

5 GEARS
挡位转换指南

行动起来，观察第 4 个挡位如何以病态的方式操控我们的生活，并学习如何健康地使用这个挡位。

预警信号：如果你……，你或许正处于病态的第 4 个挡位。

- 总是以查看邮件拉开一天的序幕。
- 就连其他人都注意到了，工作已经成为你的困扰。
- 提高效率成为你生活的首要目标。
- 你的时间没有界线。
- 离开手机或邮箱就感到不安。
- 要付出极大的努力才能进入第 2 或第 3 个挡位。
- 大脑一直在运转，无法享受睡眠时间。
- 你的伴侣、孩子和朋友都清楚地知道，工作是你生活的重心。

- 你的身体在这里，但思维和情感却没能融入当下。
- 同时进行多个项目，却没有明显进展。

如何重获健康?

早上醒来，做一些能使你打起精神的事情，而不是查看邮件。

- 拒绝被动，别让他人以邮件或电话定义你的生活。
- 约束自己，将手机关掉或放到一边。
- 将5个挡位的语言教给家人，让他们帮助你作出改变。
- 划出时间界线，以时间表、触发物或标记帮助自己。

你为什么允许他人以各种任务控制甚至主宰你的生活？找一个值得信任的人，帮助你解答。

第 6 章

第 3 个挡位：为什么社交如此重要

你喜欢咖啡厅的氛围吗？与朋友们共享丰盛晚宴怎么样？这就是第 3 个挡位要讨论的主题——社交。我相信，已经有人迫不及待表示非常喜欢这个主题了。当然，也有人正在考虑是否跳过这一章。千万不要，因为你将在本章中学会如何调整自己的工作，以及交流的方式。

首先，让我们通过几个例子，观察第 3 个挡位的真实模样：

- 与同事共进午餐，但对话不再围绕工作项目，而是单纯地闲聊。
- 参加周末聚会，与朋友、家人聊聊天，和邻居组织一次休闲烧烤活动。
- 与朋友打场高尔夫球或进行其他体育项目，尝试在新的环境下了解对方。

- 下班后为同事庆祝生日或一起庆祝特别的节日。
- 与朋友、家人参加互动游戏或狂欢活动。
- 与亲密朋友或家人共进早餐、午餐或晚餐。

进入第 3 个挡位后，发生改变的其实是心态。第 3 个挡位会以空白地带的形式，出现在需要高度专注的任务驱动型世界中，是你与家人、伴侣或朋友相处的无工作区域。要想在这个区域自由出入可不容易。

对于一些人而言，工作是令人舒适的，因为他们的身份及能力需要工作这个平台来体现。但对于其他人来说，工作让人疲惫。他们的身份体现在社交圈里，包括俱乐部、与运动项目相关的或其他特殊团体。

在酒桌上谈生意，成功率会更大吗？

你参加过公司的高尔夫球运动吗？曾与客户参加活动或共进晚餐吗？如果答案是“Yes”，你就会知道，公司为什么会组织这些社交活动。

前面两个问题已经间接指出进入第 3 个挡位的时间，以及它在企业运营中发挥的重要作用。退出第 4 或第 5 个挡位后，你会更专注于培养人际关系，开始谈论家庭、历史、运动或爱好等话题。进入社交挡位，能让你们更快速地增进对彼此的了解。在同样 1 小时的会议里，人们进入第 3 个挡位后对你性格的了解会更深入，并由此考虑是否继续跟随，或是与你展开合作。

合作总能在高尔夫球场上达成。当然，其他社交活动也能起到类似效果。

不同的社交场合将展现一个人的不同方面。我永远忘不了与沃尔格林公司的董事长在斯科茨代尔打高尔夫球的情景。一开始，我对这位董事长的印象不是很好，甚至觉得他有点呆板，直到他拉出高尔夫球杆，让我接连输了 28 个球！在这次社交活动中，我们更了解了对方，还轻松愉快地建立起新的合作关系。而这一切，都是因为我们进入了第 3 个挡位。

转换到第 3 个挡位并非你想象的那么难。你可以先想想，自己的兴趣爱好是什么？认识的人中，是否也有人对此感兴趣？你能跟他们谈论同样的话题、做同样的事情吗？事实上，大部分人际关系就是这样建立起来的。

在结识新朋友的过程中，我总会保持好奇。虽有性格使然之说，但保持好奇确实有助于我们进入第 3 个挡位，或至少能驱动我们主动了解自己感兴趣的方面。以下是我经常提出的问题，你也可以参考。

- “你的家乡在哪里？”这个问题为接下来的对话提供

了内容。如果我还认识其他来自同样地方的人，也会在对话中提起。

- “你的家乡都出过哪些名人”或者“在你家乡，有什么特殊风俗吗”，这样的问题就给了对方一个“吹牛”的好机会，总能引出有趣的对话。
- “工作之余，你喜欢做什么？”有些答案可能会出乎你的意料。上回，一位董事长想都没想就告诉我，他喜欢唱歌、跳舞、喝酒。我立刻问：“你的意思是，所有事情同时进行？”聊到这里，我们都忍不住大笑起来。凭借好奇心，我不仅更快速地进入了第 3 个挡位，还得到了以前从未了解过的信息。

在社交活动中与人交流，你要学会融入当下，对他人的兴趣爱好或其他信息表现出好奇心。如果不习惯这样做，你也可以尝试提出以上问题，然后细心观察第 3 个挡位在这一过程中，是否带来了积极影响。

我永远不会忘记那次，与一位来自圣安东尼奥的领导者一起进入第 3 个挡位的体验。

当我问起兴趣爱好时，他居然说：“我喜欢职业摔跤！”我一听，眼睛都瞪大了，因为这个答案完全出乎我的意料。如果他喜欢的是集邮，倒是挺符合我对他的印象。

那天晚上，他成功买到了两张门票，并邀我一起观看一场大型摔跤比赛。于是，我们站在了数千名疯狂观众中间，举起一块自制的牌子，支持着国际摔跤联合会传奇史蒂夫·奥斯汀。

我们玩得很开心，一起在人群中欢呼，甚至做出各种滑稽动作。仅仅因为好奇、问了几个简单问题，我就与他拥有了如此美妙的体验。试想，如果一直认为他就是个集邮爱好者，未曾提出那个问题，我会错过什么呢?

尽管在那之前，我们已是多年的合作伙伴，但当时我真没想过要以此达成什么交易，只是单纯希望更了解他、进入他的世界。因为转换到了第3个挡位，我们相处得非常愉快，也为收获了一段难忘的回忆。

第3个挡位是一种社交模式。在研究的过程中，我们发现了有些人难以进入这一模式的原因。

俄克拉荷马州岩石通讯公司（Saxum Communications）董事长伦齐·斯通，曾与我分享他和朋友凯特·理查德的谈话内容。我了解到，理查德在纽约和俄克拉荷马州都拥有房产，并发表过让我备受启发的高论：大城市的人往往讨论思想，小城市的人倾向于谈论人、地点或事物。

我非常认可这句话，因为当时自己恰好刚从伦敦搬回俄克拉荷马州，也就是我的家乡。曾在亚特兰大和伦敦等大城市生活的我，突然意识到，自己身边需要一群喜欢为了远大梦想而讨论大思想的朋友。尽管更希望有人能在第 3 个挡位与我谈论大思想、大概念，但我也能接受人们讨论自己的孙子、假期或汽车。

当然，这两种选择并无高低之分，这里只是描述普遍存在的情况罢了。如果你更倾向于谈论后者，很可能会发现，与爱谈大思想的人交流起来非常困难，因为他们对你的家庭或工作毫无兴趣。但你也会遇到喜欢谈论假期等话题的人，正如自己期待的那样。

伦齐继续分享道："我们无法融入交流，往往是因为对对方的话题不感兴趣，但因此无视之，又是非常傲慢无礼的做法。我们总是无法拒绝加入有趣的对话，但又难免遇到自己完全不感兴趣的话题，不管面对何种情况，关键是要尊重对方。"

我很喜欢他的总结，因为融入交流确实需要我们承担起聆听的责任，不管谈论的是天气、运动、旅行，还是其他更实际的话题。

了解到这一点后，每当进入第 3 个挡位，我就会开始分析话题类型，并且提问自己："对方会希望我谈论思想，还是人或事物呢？"确定了话题方向，我就会尽可能激发自己的好奇心，同时下意识地给予对方应有的尊重。如果在交谈时能感受到对方的热情，我也会愈发活跃起来。双方都融入当下的感觉，真是令人惊喜！

5 GEARS

所谓的高情商，就是学会聊天

当你可以快速进入第 3 个挡位时，将会惊讶地发现，个人影响力已经逐渐得到了里程碑式的提升。你尊重对方，对方就会尊重你，并且被你自然流露的风度和自信所吸引。而这一结果，又与你以尊重对方为前提表现出来的好奇相互关联。

能够快速进入第 3 个挡位，说明你已经懂得如何与人交谈，也能在必要时刻谦虚聆听。学会正确运用第 3 个挡位，你将逐渐增强与他人之间的联系，持续提升个人影响力，抓住由此带来的更多机会。这就是我写《让你的领导力活过来》（*Making Your Leadership Come Alive*）一书的原因：帮助领导者意识到，领导力就是影响力，而影响力又相当于权力。在动机单纯的前提下，我们可以适当地以权授权。因此，正确运用第 3 个挡位，能让你在鼓励他人的同时，获得尊重。

接下来，我们将系统分析第 3 个挡位，观察它究竟如何提升个人影响力。现在，请想象自己正与朋友或同事参加一场较为正式的社交活动。

1. 一开始，你就坐在椅子上，与人随意交谈。
2. 接着，你开始谈论天气、假期活动等话题。
3. 一般来说，你只会和最靠近自己的一两个人聊天。

4. 你认真聆听对方说话，偶尔也插几句，或者附和一下，然后转移话题。你们可能会进入第 4 个挡位，提及工作或项目等，但在理想情况下，还是会转换回第 3 个挡位。

5. 聊了 1 小时，你获得了足够的信息。知道哪些人是你喜欢并愿意进一步了解的，哪些又会让你从此敬而远之。

6. 活动结束后，回想整个过程，你就能选出想要深入了解的人，并与他们另约时间见面。

7. 在第 3 个挡位的交谈，往往能创造第 2 个挡位的联系。而深入了解自己感兴趣的人，又有可能带来第 4 个挡位的机会，遇到工作上的新伙伴。

最近，我的朋友、一位备受尊敬的领导者与我分享了她在一场社交聚会中，与 20 多个女孩互相了解的经历。我觉得那听起来特别有趣。在聚会中，有些女孩选择先躲在角落里，等找到心意相通的人再去了解，而我的朋友决定主动出击。尽管性格内向，她还是下定决心，在结交到好友之前，先融入最优秀的圈子。

在整个过程中，我的朋友表现得非常自信，不仅能在谈话中进退自如，也不怕被误解。她成功进入了第 3 个挡位，享受了一段快乐时光，还结识到了几位新朋友。因为她全身心投入其中，展示了自己最好的一面，所以别人也产生了深入了解她的意愿。

缺乏安全感或不善于交流的人，往往会选择避开第 3 个挡位，甚至仅仅出于傲慢而不屑与人闲聊。

如果因为感到不安便退回舒适区，你将错失结识新朋友或被他人了解的机会。这是优秀领导力遭到破坏的根本原因，其消极影响远超你的想象。

相反，如果忙碌的人总是认为没有什么比工作更重要，那么久而久之，他们就会失去他人的尊重，落下高冷傲慢的坏名声。也许你会说："一想到要和他们相处，我就难受！"

我明白，对你来说，这可能是个艰难的过程。你或许在过去受过伤害、性格非常内向，又或者需要与自己信任的人倾诉，甚至做一些心理咨询。

但关键是，退回舒适区你也不一定能放松，反而可能更难受。做出这样的选择意味着，你正一步步降低自己的影响力，直到人们不再愿意了解你、与你交流时，你就算成功把自己逼进死胡同里了。

学习恰当运用第 3 个挡位，就好像打开通往新世界的大门。你将在那里创建良好的人际关系，赢得他人的赞誉。有时候，你需要说服自己，把交流当成一场游戏，与三两个人聊聊天，或找个感兴趣的人进行深入了解。尽管我比较外向，但偶尔还是会强迫自己这样做，尤其在感到疲惫的时候。我知道，积极与人产生联系，更有机会创造双赢的局面。也就是说，学会如何进入并适应第3个挡位的人，更有机会成为赢家。

4个要点，让你“hold住”任何社交场合

现在，你能认同第3个挡位的重要性了吗？你明白了吗？人们只有在感受到自己的存在被认可时，才会开始尊重你。如果从不投入，你就休想从他们身上得到任何回报。

据我了解，大多数被困在第4或第5个挡位上的人都非常忙碌，总是忙着处理自己擅长的问题。如果你也是其中一员，并且希望更好地运用第3个挡位，那么我先教你几招：

学习为他人着想。人们能通过你所做的，感受并判断出你是否在为他们着想。快速进入第3挡位的方法之一就是，与他人建立良好的关系，并在一定程度上表现出你对他们的兴趣。

保持好奇。如果你在第3个挡位中倾向于讨论思想，而对方更希望谈论人和事件，那么请尽最大努力保持好奇。反之亦然。你要养成这样的习惯。你可以尝试引导

对方转移话题，但至少要表现出你感兴趣。

给他人制造惊喜的机会。一味拒绝接触与交流，你永远不会知道碰撞将带来怎样的结果。万一对方的想法或故事能带给你惊喜或震撼呢？还未得到结果，就不该对他人妄加评论。

关掉手机，以免再次进入第 4 或第 5 个挡位。就像前面提到的“亲亲镜头”事件，你也可能在不知不觉中错失机会。

不管你更想提升哪方面的力量，请给第 3 个挡位一个机会，也给自己增强影响力的机会。通过参与、聆听、学习、保持好奇以及融入的方式，你将与他人产生更深层次的交流与联系，并且享受其中的乐趣。

尽管进入第 3 个挡位有些困难，但你可以通过最简单的、竖起 3 根手指的手势帮助他人进入状态。

不久之前，杰夫和霍奇决定举办一场社交派对。他们真的很棒，尤其是霍奇，十分了解如何举办一场派对，不仅准备了主菜、开胃菜、酒水，还有派对礼品。

派对即将开始，一位刚下飞机的朋友走进屋里。

一见面，他就迫不及待告诉我，自己刚将几位新的潜在客户介绍到我们的核心执行团队中。正当他在第 4 个挡位上滔滔不绝时，我向他举起手，晃了晃3根手指。

他立刻停下来并笑了笑，转换到恰当的挡位，开始与旁边的人打招呼："嗨！你好吗？真高兴能遇见你！"

实在太棒了！我要做的只是竖起3根手指，就能阻止他的滔滔不绝。

尽管我也可以对他说："你知道的，我很欣赏你的热情与激情，但我们稍后再谈论这个话题好吗？"但我没有这样说，而是做了一个最简单的手势，并且他也理解其中的意思。

帮助别人转换挡位之前，你需要先介绍5个挡位理念和寓意。坚持使用5个挡位的语言，观察它如何发挥神奇作用。

滥用第3个挡位的后果同样很严重，尤其当我们缺乏安全感，急需从社交场合获得他人认同的时候。

我认识一位总是急于与人产生联系的领导者。每到一座城市，他都会为自己安排两三场社交活动。问题是，在与感兴趣的朋友交流时，他却时常因为排得满满的社交日程而分心，最终与他人断开联系。

在第3个挡位中，你无法控制大家相互影响、一同欢笑作乐的时刻。实际上，当你试图加以控制时，这本身就是进入第4个挡位的表现。在上面的例子中，这位领导着连续参加了两场活动，但都只逗留了5分钟便匆匆离去。他从来不听别人对自己的想法，因为社交日程中，安排了太多需要联系的人。

5 GEARS
挡位转换指南

融入意味着你需要跟上社交场合的节奏，以免错过圈内的欢乐，或者进入第 2 个挡位的机会。

预警信号：如果你……，你或许正处于病态的第 3 个挡位。

- 耽误或错过第 4 个挡位的工作。
- 总想参加派对。
- 缺乏自律力和专业素养。
- 联系永远只停留在表面，从未进一步了解。
- 由于联系面太广，错过与部分人深入交流的机会。
- 在同事眼中，你很懒惰，认为工作只是个允许延后解决的麻烦。
- 你像是戴了面具，从不愿与人交心。
- 努力让自己抓住机会，但还是会错过。

如何重获健康？

- 为自己安排能够独处的充电时间，学会靠自己解决问题。
- 规划出进入第 5 个挡位的特定时段，并列入你的日程表中。
- 与他人交流时，保持你的判断力和自律力。
- 在第 3 个挡位的情境中，练习第 2 个挡位的对话。
- 尝试深入地了解某个人，至少建立一段重要的人际关系。

认真想想，是什么阻止你努力工作？又是什么让你无法与人深入了解彼此？与你信任的人，共同解决以上问题。

生活中，你更想深入了解哪些人？选出其中 3 段人际关系，并制订计划。

正确使用第 3 个挡位，你的影响力将得到明显提升。但如果你逃避它，就会错过许多不可思议的事情。

第 7 章

第 2 个挡位：收获恰到好处的亲密

上一次，你与他人进行有意义的联系是在什么时候？当时，你有何感受？你最后一次与人深入交流，并在结束时感到兴奋，又是在什么时候？

进入第 2 个挡位，相当于转换到联系模式，将提升你与人融洽相处的能力，不管这个人是同事、家人还是朋友。这是一个没有日程表与压力、无关工作的时间挡位。

我们向各种规模企业的领导者咨询了其眼中的第 2 个挡位，以下是他们的描述。

- “陪儿子做一些我们俩都喜欢的事情。”
- “与了解我、能让我吐露心声的同事共进午餐。”
- “和孩子们一起做游戏，暂时将手机、电视等电子产品搁置一边。”

- “与妻子约会，就算只是安静地坐着晒晒太阳。”
- “经过员工办公桌时停下来，和他们聊聊天。”
- “生个火炉子，一家人围坐着，分享美好的故事。”
- “与伟大的领导者一同度过最宝贵的时光。接收信息、接受挑战，努力成为更优秀的领导者。”

对你来说，使用第2个挡位时是什么样子？拿出笔记本，描述并记录下来。现在，列出你生活中所有人的名字，以及你们的第2个挡位时刻。你是否享受其中？还是说，你已经跳过了第2个挡位？

或许你会以为，只有先产生联系才能进入第2个挡位。记住，在任何合适的场合中，你都可以使用上一章介绍的手势。面对在午餐桌上玩手机的孩子，你可以举起两根手指。到了一起看电视的时间，你的伴侣却还在电脑前工作，你也可以对其做出这样的手势。生活、工作、任务、他人，甚至包括我们的多重任务思维，都使我们分心，阻碍我们产生真正的联系，阻碍人际关系的健康发展。

人人都是孤独患者

你已经在前言中了解到我与妻儿联系断开的故事，那么，你有怎样的故事呢？你是否也曾发现，自己难以从任务模式或专注模式中跳出来？你是不是也觉得，放下手机，与身边的人交流很困难？不管对于企业家、员工，还是家长来说，进入第2个挡位都有难度。

我曾与一位父亲交流，他表示，晚上回家后总会分心。他告诉我："我对自己失望透顶。我总顾着做其他事情，比如浏览网页。孩子们知道我很忙，都不与我亲近了。我心里也清楚，就是不知道如何改变现状。"

这位父亲向我坦白了自己的担忧。我能感受到他在描述现实的时候，流露出来的紧张。他感觉自己快要失去孩子了，但还是不懂如何在家庭娱乐时间里改变这种无趣的现状。尽管已经意识到自己的行为很愚蠢，但他并不知道，如何与孩子产生联系。

在这种情况下，我们必须回到根本问题上。意识到问题所在，是摒弃旧习惯的第一步。

凡事总要有个开始。进入第3个挡位时，我们有逻辑流程，进入第2个挡位也是如此。以下是将第2个挡位融入日常生活和领导力的小贴士。

付出时间 抓住每一个可以产生联系的机会，付出时间行动起来。在日程表上规划出与人联系的时间，即使日程表上排满了会议，也要留出大概 15 分钟的额外联系时间。

聆听 联系在于聆听而非多言。聆听代表你尊重对方，同时，你也会对对方产生全新的认识。聆听对方讲述的真实情况，是产生联系、融入交流的开始。

别勉强自己 不管你勉强自己做什么事情，人们都能察觉出来。请拒绝假意联系，要知道，沟通是一条双向车道。非本真状态的接触，只会导致联系断开。做自己，保持融通、耐心，联系就会产生。

付出真心 对于某些人，尤其是受过伤害的人而言，付出真心是一种冒险的行为。但当尝试冒险付出真心，与人深入交流时，你将获得超乎想象的机会。

解除束缚 尽管这说起来容易，做起来难。也许，某些生活习惯会阻碍你展露自己最佳的一面，不利于发展重要人际关系。当然，游戏、应用软件或电影也可以成为休闲时光的优先选项，但如果它们给人际关系带来了消极影响，你就需要为其另外规划时间。

当大家同时处于第 2 个挡位时，所有人都会受益。来自菲尼克斯的资深副教授黛比·科雷亚，分享了她与家人同时进入第 2 个挡位时发生的事情。

5 GEARS 影响力加油站 没有哪一种亲密关系不需要经营，包括亲情

在亚特兰大一位朋友家的院子里，杰里米与几位领导者分享了一个简单却意义非凡的理念——5 个挡位，这是我第一次体验 5 个挡位。那天，我学到了处理与家人、商业合作伙伴之间问题的新词汇。我开始意识到进入第 2 个挡位的意义，也发现自己极少转换到这一模式。

作为一名房地产经纪人，我习惯在烹饪晚餐或辅导孩子做功课时，发发短信，回回邮件，但这种做法常常令孩子感到沮丧。他曾指出："妈妈，你总是沉溺在手机里，忽略我的感受。"以前，我总会回答："这是我的工作……我并不是在和朋友发信息，讨论明天穿什么衣服。我真的是在工作，这样你才能住在漂亮的大房子里啊！"这个自我开脱的借口，听起来怎么样？

与此同时，我的丈夫和孩子也感到内疚。我的丈夫在一家 IT 企业上班，每天一睁开眼睛就会进入第 4 个挡位，开始查看邮件。晚上睡觉前，他也会提前准备明天的邮件。而我十多岁的孩子则活在手机世界里，每时每刻都在查看朋友的信息，或者浏览社交网站。我们一家人都困在各自的圈子里，对彼此的手机瘾感到失望。

5 个挡位正在改变我们之间的沟通方式。渐渐地，我们

开始意识到自己所处的环境，并努力在适当的时间里转换到适当的挡位。

如今，我们拥有一种大家都能理解并欣赏的共同语言，终于能够更好地交流了。我再也不需要组织愤怒的语言，或者表达自己的内疚之情。我只需要说出“第 2 个挡位”，就能引起他们的注意。我们可以因此相应地调整各自的状态，简直太不可思议了！

5 个挡位简单而实用，让我以及我的家庭生活发生了翻天覆地的变化。一开始，我只在家里实践这套理念。但现在，我还将它应用到工作当中，并取得了积极的效果。通过认识自己的挡位顺序和自然偏好，现在，我已经开始成为理想中的好妈妈、好妻子。

更重要的是，在与朋友或客户建立社交联系的过程中，我也能够自觉意识自己所处的环境了。这一切都与认识自己、领导自己有关。

你也可以像黛比一样，取得由第 2 个挡位带来的积极效果。社会秩序本身，以及其超速发展的事实，容易使人沮丧失望、断开联系。第 2 个挡位能使人参与并融入重要的人际关系当中。它适用于包括家庭、企业或社群在内的任何圈子。当大家同时处于第 2 个挡位时，所有人都会受益。这就是秘诀。

公司需要刻意经营，人际关系也是

渴望与人产生联系吗？你是有意识地进行联系吗？为了与他人联系，你是否愿意特意留出时间？

虽然我写了这本书，但对我而言，融入人际关系并非易事。我们都有迫在眉睫的工作任务，包括我自己，也需要不分昼夜地写作。想在一年之内写就两本书，无疑会消耗太多时间、精力与脑力。但不管怎么说，我有责任成为值得家人追随的领导者。即使被最后期限追得喘不过气，我也要练习转换挡位。

一天晚上，小女儿凯特问我能不能陪她玩游戏。我的回答有一丝尴尬，但也算是事实。我告诉她："甜心，爸爸很抱歉不能陪你玩，因为我必须写完第3个挡位这一章。"我确实这样说了。但我很快意识到自己不该对凯特说这些话，于是花了10分钟，终于说服自己。我停止敲击键盘，保存好文档，准备专心陪她玩。不过有趣的是，凯特已经跑去找妈妈玩了。我因此可以继续写作，但实际上，我错过了一次与女儿深入联系的机会。

现在，你能理解了吗？融入第2个挡位将带来：

- 身心宁静的健康人际关系；
- 自己和身边人的快速成长；
- 更好的对话以及更多的灵感；

- 爱与信任；
- 优化的事项排序；
- 更少的负面情绪以及更多的安全感；
- 更高的社交意识与情商。

我们的另一位高级助理汤姆·内贝尔分享了发生在新兵训练营里的经历。

5 GEARS 影响力加油站 当手机关掉，心门才能打开

由于理解了第 2 个挡位，我与已成年的儿子安德鲁的关系发生了巨大变化。我们共同设定了一段“专属时光”（可能是看电影、打游戏或者只是吃一顿饭），但常常被他和朋友的联系打断。安德鲁的智能手机总是一刻不停地嗡嗡响，不断接收信息。他总是沉溺在手机世界里。而另一方面，我的手机偶尔也会不合时宜地响起来，令我无法继续与他维持联系。就这样，我们都对彼此感到失望，甚至还以挑衅的、消极的行为表现出这种失望情绪。

我们本应共同享受这段美好时光，却各自展现了最糟糕的一面。后来，我提出了 5 个挡位理念，与安德鲁讨论过后达成了共识：在以后的相聚中，双方都要进入第 2 个挡位。

从那以后，每到专属时光，我们就关掉手机，启动第 2 个挡位。这让我想起了一部古老的西方电影。牛仔们走进酒馆，解下腰间的枪，把它们放在桌子中间，这意味着没有攻击，只有友谊。不会再有其他方式，比 5 个挡位更能改善我与儿子间的关系了。

以上例子完美地阐述了真实对话，即有意识地沟通会是什么样子。想象它就发生在你身上。

- 想象家人将高科技产品放到桌子一旁，全心融入当下的相处中，并持续超过 1 小时。
- 想象你开会时，老板并没有查看自己手机的每一次振动，而是专注地与你进行深刻对话，为双方带来了活力。
- 想象你学会了自然、真实地与身边人的相处的技巧。

真实融入与人的相处中，意味着你在这段时间里，将自己的身心交付给对方，并展现出最好的一面。进入第 2 个挡位，就像赠与对方一件精心设计的礼物。记住，赠人玫瑰，手有余香。

相反地，如果你在与人相处的过程中心不在焉，那无非就是在浪费大家的时间。当某个人满怀期待地走过来，想与你交流时，你有两个选择：第一，转换到第 2 个挡位，与之畅聊；第二，告知对方，你正在第 5 个挡位，并且规划出双方都能同时进入第 2 个挡位的时间。如果不坦白，选择敷衍对方，那么你就是在浪费彼此的时间。

Fieldhouse 传媒董事长凯文·德谢佐意识到，自己在与儿子相处时存在某些问题。

5 GEARS 影响力加油站 闲聊 5 分钟会收获什么？儿子的尊重和爱？

基安全球公司介绍的 5 个挡位理念，不管对我个人还是家庭而言，都是一种神奇的助力。在这里，我想分享自己与大儿子加布的故事。在不出差的日子里，我会按时接送儿子上下学。不过，我也经常利用这段时间查收未读邮件或信息，了解外界发生的事情。

5 个挡位理念打开了我的思维，让我意识到，与儿子相处时进入第 2 个挡位的重要性。接送儿子的这 5 ~ 8 分钟，本是完全属于我们父子俩的，而我却没能让彼此真正享受其中。幸运的是，有了 5 个挡位之后，一切都变了。

现在，儿子上车后，我会先将手机收起来，然后启动车上的小音箱。早晨送他上学路上，我们会在音乐声中愉快地讨论新的一天，看看有什么特别值得高兴的事情。或者，我也会鼓励他，与他进行一些简单的沟通。放学回家途中，我会询问他这一天的经历，有时也关心一下学习情况。他能感受到我在认真聆听，这太棒了！

相比以前，我使用第 2 个挡位与儿子相处后，加布的脾气更好了。事实证明，我需要在正确的挡位上和他相处。现在，我不再感觉自己错过了儿子的生活，儿子也得到了一个更好的父亲。

快节奏时代，如何慢下来？

第 2 个挡位有实际的作用。据我了解，已经有上百位领导者成功地将第 2 个挡位融入自己的生活，修补了多年来一直令他们头痛的人际关系。

在一次偶然的情况下，我来到了美国北卡罗来纳州的阿什维尔市，并在当地的领导者会议上发言。会上，我分享了 5 个挡位理念。就在会议刚结束时，一位男士向我走来，他双眼湿润，哽咽得几乎说不出话。最后，他终于艰难地说：“也许已经太晚了，但我还是想试一下。”他告诉我，他的妻子在一个星期之前离开了他。直到此刻，他才意识到妻子之所以离开，正是因为他一味沉溺于工作、任务和其他令自己感觉良好的事情上。他恍然大悟，原来所有人都看见了自己最好的一面，除了妻子。

在现实世界里，每一个人都应该为彼此着想，学习如何与人相处、如何恰当地融入现实。以下是汤姆·内贝尔关于这一点的心得，对此我表示非常赞同。

很多年前，我们一家踏上了期盼已久的夏威夷之旅。快乐的时光总是过得飞快，转眼，我们已经在火奴鲁鲁机场等待登机返家。这时，我听见旁边的旅客一次次地叹气："好吧，该回到现实世界了。"我理解他们的感受，确实，与假期说再见真的很难。

我不由得陷入了沉思，因为某种东西触发了我。于是，我对家人说："知道吗？我不认为我们就要回到现实世界了。相反，我们正要离开的才是现实世界。我们在一起的时光，其实是最接近所谓现实世界的。它给了我们空间，允许我们做最真实的自己。让我们将假期当成现实世界吧。"于是，我们立马着手计划下一个假期，并承诺，在没有计划好下一个假期之前，永远不结束当前的这一个。

现实世界里，我们每一个人都在与他人产生联系，并将自己知道的教给他人。现实世界的处世之道，在于协调而非矛盾，在于表现个人并尽最大努力帮助他人，而非仅仅流连于各种会议之中。融入当下，就是现实世界里最好的状态。真正融入时，你便能有所体会。

当然，我们并不是在建议你改变自己生活。你无须终日待在咖啡厅里与人谈天说地。正如汽车需要在不同环境中转换到不同挡位，每一个挡位，都有其恰当的转换时机。

我们想说明的是，大多数成年人由于工作的束缚，习惯沉溺于第 4 或第 5 个挡位，很难转换到第 1、第 2 或第 3 个挡位。这就是我们选择通过故事和比喻，将你带回现实的原因。我们希望你能开始观察自己在第 4 个挡位的生活，然后为了自己和身边人的利益，尽可能做出必要的改变，学会恰当地转换挡位。

另外，第 2 个挡位比第 4 个挡位，更能激发你大脑和情感上的能量。当你能与亲密的人融洽相处时，你的身体和情感将发生惊人的变化，你也将成功地提高工作效率。

事实上，在当下的社会文化中，第 2 个挡位并不受待见。尽管电视广告极力渲染其乐融融的家庭野餐和有趣的集体冒险，但当下的社会文化恰恰与此截然相反。美国人一年仅有两周的假期。员工们为了取悦老板，总是早到晚退（并不是因为他们的工作能力更好），因为这就是老板看中的文化，也是一种我们几乎每天都会经历的“把事情做完”的心态。

我就曾在这样的文化环境中工作。当时，办公室里的每一个人，几乎每天都被逼到了崩溃的边缘。在这种情况下，连通性与人际关系方面的不理想状况，常常导致负面情绪的产生，团队和公司内部开始出现裂痕。但现在，我在另一种文化环境中工作，公司里所有人都在尽力为大家的利益而奋斗。他们愿意在相互联系和理解上花费更多的时间，直接促进团队的成长。

我非常看重英国人能够努力工作、又能适时换挡的能力。在这个点上，我的英国朋友安德鲁和杰斯·杰克逊绝对是最佳典范。安德鲁是一位内科医生，杰斯则在英格兰的比肯斯菲尔德镇教法语和西班牙语。辛勤工作后，安德鲁会转换到第 1 个挡位给自己充电，例如骑行之后，来我家共享美酒与晚餐，愉快度过第 2 或第 3 挡位的时光。有时候，我们也会坐在户外的草地上，一起欣赏美丽的夕阳，谈天说地。

骑行、漫步丛林、愉快畅聊，这些事情我大都是和英国朋友一起做的。我认为在各自的文化环境下，英国人比美国人更善于进入第 2 和第 3 个挡位。因此，相比在任务驱动型的美国，我们的人际关系总能在英国达到更深的层次。

这绝非控诉，仅仅是我的观察。在美国，生活会更简单，因为人们初次见面时就倾向于表现出友好的一面。然而，绩效文化和任务驱动型的生活方式，却导致这种文化友好而肤浅。相比之下，在伦敦的体验让我意识到，尽管英国人初次见面时可能略显冷淡傲慢，但久而久之，他们确实能够与他人产生更深层次的联系。

事实上，英国人也非常喜欢第 4 个挡位，并且希望能够高效工作，但这无碍于他们体验第 2 和第 3 个挡位，享受与人深入联系带来的欢愉和利益。我们不需要做选择题，因为这几个挡位缺一不可。

记住，联系是一门艺术、一门科学。请你练习、练习、再练习。为了你以及身边的人，请练习第 2 个挡位的转换。真正掌握之时，你将开始体验到更高层次的尊重与信任。

预警信号：如果你……，你或许正处于病态的第 2 个挡位。

- 纠结于生活中的核心人际关系，无法专注地与眼前的人交谈。
- 渴望进行深入的对话，以至影响第 3 个挡位的连通性。
- 总是习惯性地说个没完。
- 在工作中，忧虑的时间比实干的时间还要多。
- 对与人联系的期望不切实际，以至对方感到难受，最终选择远离你。

- 经常纠结于在错误的语境中“修订”谈话内容。
- 过于专注，以至很难看清总体情况。

如何重获健康？

- 参考进行第 3 个挡位的社交对话，并适应它。
- 提高自律力与判断力，学会把握对话时机。
- 千万不要在对方还没做好心理建设的情况下，尝试与其深入联系。
- 想要被了解，首先要表现自己的好奇。
- 尝试提问第 3 个挡位的问题。
- 观察自己在工作中，有多少时间花在第 2 个挡位上。
- 注意连通性的相关度，判断谈话的内容是否与对方有关。

思考一下，为什么有时候你想与人深入联系，反而将对方推开了呢？我希望，你能致力于某个特定领域的学习和职业发展，使第 4 和第 5 个挡位更加强大。

第 8 章

第 1 个挡位：磨刀不误砍柴工

你的休息质量怎么样？你为自己规划出必要的充电时间了吗？你是否有专门的充电区？你会约束自己遵循某种惯例，以帮助自己更好地休息、放松，重获能量吗？

如果无法重获能量或得不到充分的休息，你几乎不可能融入与人的相处中，更别说为对方的生活增值了。只有在得到充分的休息、精力充沛的情况下，你才有能力影响身边的人，进而提升自己的影响力。

事实上，大部分人对此毫无头绪，效率也往往低于自己应有的水平。至少在我认识的人中，绝大多数都不懂如何为自己充电。

他们也许会在读过一篇相关的文章后说："没错，我也需要这样做。"他们相信自己需要充电，常常抱怨高强度的工作使自己身心疲惫，但当我问他们"你是如何为自己充电的"时，他们却只会说："我正在想呢，会好起来的，只是现在还有点疲惫而已。"

好吧，请允许我翻译一下他们的意思："实际上，我并不知道该如何充电。我只是想让你知道，我是一个勤劳的人。你应该会为我感到担心吧，如果还能鼓励我一下，那就最好不过了。"

我之所以能洞察这种行为，是因为曾经的自己同样如此。事实上，那是的我还未能娴熟运用第 1 个挡位。但总结失败经历后，我发现，如果能解决个人的精力恢复问题，理解处于第 1 个挡位时的感受，并严格规划出自我充电的时间，就能感受到源源不断的能量。相反，如果只带着 20% 的电量去生活、领导，就永远无法体验到期待的快乐。

想象现在是下午 3 点钟，你的手机发出了"电量低于 20%"的提示音。但 1 小时后，你需要参加一场重要的电话会议，糟糕的是，此刻你怎么也找不到充电器。这不就是生活中常有的事情吗？任务迫在眉睫，但你已经没有能量去完成它了。如果理解手机没电只能关机，那我们又为什么认为，人可以在电量耗尽的情况下继续工作呢？

为自己充电的关键在于，下意识地将时间投入到第 1 个挡位上。我们的一天在这个挡位上开始，也会在这个挡位上结束。就好像开车，我们通常都会先启动 1 挡，而不是 4 挡。试想，如果直接从空挡跳到 4 挡，汽车引擎肯定抛锚对吧？生活要循序渐进，领导他人也是一样。在第 1 个挡位上拉开一天的序幕，才不会毁掉你自己。

哪种充电方式更适合你，睡觉还是去酒吧？

每个人的充电方式不同，需要指出的是，你的自然人格和联系方式将在一定程度上决定你的充电方式。史蒂夫·科克拉姆非常擅长解释这一点。他认为：“内向者要从内部充电，需要直接对接能量源，例如电池。相反，外向者则倾向于依赖太阳能，其能量大多来自外部能源，例如某个想法、人物或某种体验。”

史蒂夫继续分享了典型内向者通过电池充电的例子。

睡觉 内向者往往比外向者需要更多睡眠。

阅读 更偏好小说或人物传记。

运动 跑步或独自散步。

专注 内向者往往会更注意管理个人时间。

冥想 保持内心平和。

爱好 如陶术、园艺、烹饪等。

同样，史蒂夫也举例了典型外向者的充电方式。

与人相处时 需要向信任的人大声吐露心声。

产出想法 有些外向者倾向于产出想法，因为它们能带来活力。

进入第 2 个挡位 往往能从与人的相处中获得能量，尤其当对方是自己非常在意的人时。

愉快体验 一场音乐会或电影就能让其精力充沛。

睡觉 相比内向者，需要的睡眠要少一些。

发言 有些外向者在公开发言时，也能获得能量。

阅读 喜欢在书中找灵感，走到哪里都能阅读。

运动 倾向于参与团体运动，而不是独自跑步。

当然，你也可以在清单上补充其他充电方式，尽管以上例子基本上已经足能开启我们的充电模式。事实上，关键不在于如何为自己充电，而是确保自己懂得如何为自己充电。你知道如何为自己充电吗？还是只会跟随大众的脚步，做家人和社会要求你做的事情？我们会在下一节中，深入探讨最适合你的充电方式。

我们都是外向者与内向者、开拓者与养育者、思考者与感受者的综合体。我们的个性和联系方式就像指纹，是独一无二的。这就意味着，每个人的充电方式不尽相同。但问题是，我们读过的关于充电的文章大多一概而论。它们就好比一张能治百病的药方，显然是不可信的。现在，我想分享一下自己与史蒂芬的充电经历。

史蒂芬与我在某些方面非常相似。例如，我们都是极端外向的人，而我们的妻子都比较内向，孩子则都是两种性格的结合。

因此，大家的充电方式都不一样。一般来说，外向者需要的独处及睡眠时间都少于内向者。开拓者会花时间与其他想法创造者碰撞，因为这能激发灵感。而养育者会把时间花在需要关心的人身上。

每个人的联系方式都是独一无二的。你可以想象，在这样一个每位家庭成员的充电方式都不同的家庭里，会发生多少纠纷，相处起来又将面临多少挑战。

有效充电的关键在于，清楚了解自己以及身边的人。了解自己的需求后，你就可以开始领导自己了。这样一来，你在人际关系方面的连通性也将得到增强。

在你眼中，第1个挡位是什么样子的？以下问题，能够帮助你更好地了解自己。

◆ 你是外向者还是内向者？

- 你需要多少睡眠？这个时间是固定的吗？
- 是什么让你无法拥有足够的睡眠？
- 你一般都开车去上班吗？公司离家有多远？
- 早上，你一般都很忙吗？
- 你有孩子吗？
- 如果你是一个内向者，你会在午休花时间充电吗？
- 开车回家的路上（如果需要开车的话），你会做些什么？
- 晚上，你会做些什么？
- 你一般都几点睡？
- 你天生就是个纪律严明的人吗？

了解自己就是领导自己。你能开始领导自己适当休息以恢复精力吗？你能开始创建个人档案，了解自己的休息和充电方式吗？

作为一个外向者，我知道自己需要6个小时的睡眠时间。眼下我正忙着写作、演讲、与美国客户联系，所以在不出差的日子里，大部分时间我都在家庭办公室里工作。我无需花时间驱车上班，孩子也长大了，能自己开车上学，所以我会以令人精神振奋的灵修时间拉开一天的序幕。

每天一大早，我的家里便充满生机和乐趣。当妻子和孩子离开后，安静的屋子又恰好能让我进入第 1 个挡位，并在接下来的一整天里富有成效。不过，除了工作，我也会做一些运动，尽管不太喜欢，但运动后确实能让我感觉舒畅。这就是我的充电方式。

逐渐地，性格外向的我开始意识到，自己需要与充满正能量，总是活力四射的人相处。大部分时间，我都在以视频通话的方式帮助世界各地的人，这尽管也对我也有所帮助，但我还是需要与朋友面对面地交流。例如，兰斯·汉弗莱斯、邦德·佩恩、马修·迈尔斯和瑞安·利茨，他们都能挑战我，帮助我开拓思维。但有时，我又意识到，自己需要和世界各地的领导者进行视频通话，以检测自己的想法。总而言之，我的充电方式结合了娱乐与社交环境中的内向启发和外向想法，例如，电影、主题派对以及四人约会。

我的妻子凯莉是性格内向的人，喜欢运动、阅读，也享受独处的时光。过去的几年里，我们一直在努力了解彼此的充电方式，帮助对方更好地进入充电模式。

例如，要是一天中经历的内向时间太长，我就会筋疲力尽，仿佛与人失去了联系，但太多的外向时间又会让我感觉自己缺乏自律。请注意，我在这里用了“感觉”这个词，因为我同时也是一个感受者。

对我来说，情绪是领导力和生活的重要部分，我需要管理它。

史蒂芬也与我分享了他的充电方式。正如你将看到的，尽管我们都是外向者，但各自的充电方式不尽相同。

“作为一个热爱工作和战略部署的人，我必须努力工作，保持解决复杂问题的高效率。对我而言，第 1 个挡位是一项运动。我享受体能方面的挑战，愿意为此留出时间，还能在健身的过程中思考问题。”

“高尔夫球是我充电的另一选择，因为每当置身于美丽的地方，我都能从环境中获得启发。电影也是充电源之一。我享受观影体验，享受跟随情节的发展哭、笑、思考、祈祷。一部好电影，会和我一起从生活中汲取灵感，并融入我的生活。此外，它还能提醒我回忆起做某些事情的初衷，让我重新考量自己的决定，成为更好的自己。”

那么，你呢？你会想办法深入了解自己吗？你能为了自己及下属着想，努力认识自己、领导自己吗？在后文中，我们将提供更多的资源，帮助你深入了解自己。不过，这一切还是需要你从适当休息、为自己充电开始。

忙里偷闲，设置特别充电日

我的一位朋友非常聪明，懂得如何适当地休息。每年年初，他都会在日历中安排好休息的时间：每周空出一天作为休息日

（通常是周日），每月空出一天作为专注休息日，每个季度空出一个星期，作为有计划的休息日（连续的几天）。最重要的是，他会和妻子计划家庭旅游，并同时结合第 1、第 2 和第 3 个挡位。

我与这位朋友交流时，并不认为这种日历标注法也适用于我（他一年中的时间安排稳定，不像我，至少到目前为止，总得奔波忙碌）。他笑着说："杰里米，我连续 10 年都是如此。老实说，我应该比你还忙，希望你听了别在意。"我知道，他并不是在讽刺我，而是以一种友好的方式给出善意的提醒。他把休息放在了优先位置上，还用生活证明了这一点。同样地，他也坚信，休息能为带来竞争优势。

第 1 个挡位将成为你的秘密武器。有了它，你的思路将更清晰，注意力也将更集中，进而优化你的决策以及沟通方式。得到充分的休息后再投入工作，你才能更了解自己的想法，知道什么该做，什么不该做，该如何去沟通，如何处理某些棘手的问题。掌握为自己充电的方法，你才能更好地应对压力、恢复精力，而这两项恰好都是高效工作的必备因素。当然，我们的目标是休息后再投入工作，而不是将工作丢到一边，一股脑休息个够。

这种认识是否颠覆了你的游戏规则？答案应该是肯定的。重新调整你的世界，设定专属的休息时间，将改变你的生活方式。当然，首先你要选择最适合自己的充电方式，而不是盲从别人的意见。你应该遵从真实的自我。

如果你性格内向，可以选择在正午时分休息，例如，在饭后散散步，或者稍作休息。如果你是外向者，你的个人充电方式可能是与人相处、思考和独处。学会将时间、空间和人结合起来，你将成为最好的自己。

来自俄亥俄州托莱多市的杰茜卡·庭恩，分享了自己对休息的理解。我猜，你可能会对他的经历感同身受。

5 GEARS 影响力加油站 “我曾以为，只要没工作就是在休息”

学习5个挡位理念后，我意识到，自己的休息方式并不能使我感到舒适。我曾一度认为，除去全职工作（高管）以外的所有时间，都算得上休息时间。但计算花费在各个挡位上的时间时，我发现，自己花在第1或第2个挡位上的时间极少。在工作以外的时间里，我要么陪孩子们玩（当然，我很爱他们。不过，坦白说，同时和一个2岁、一个4岁的孩子相处，非常令人抓狂），要么就是和丈夫宴请宾客。

我的性格比较外向，因此认为自己没有必要安排个人独处的充电时间。我认为，与丈夫、孩子相处就算在充电，因为在某种程度上来说，它令我放松。直到开始思考自己的充电方式时，我才惊讶地发现，自己从未得到真正的休息。

得益于5个挡位理念，我学会如何定义每一个挡位对生活的意义，并下定决心重新安排我的周末，确保自己拥有合理的工作和休息时间。

现在，我的日程表里有了两项添加内容，即家庭时间（第2个挡位）和独处时间（第1个挡位）。除此之外，5个挡位还教会我一种新的语言。当我和丈夫在计划周末活动，或在第2个挡位的时间里有进入第3或第4个挡位的倾向时，我们能用它提醒对方。

如果你将某一天指定为特别充电日，会发生什么事情？记住，你的目标是达到电量满格。对我而言，这一天就是周日。每到周日，我们一家人都可以自愿选择与人相处或个人独处的充电方式。如果你还有更好的充电时间上的选择，无论如何，请把它放在优先位置。

在我们所处的社会文化中，安息日或休息日通常是在周末。无论是周六或周日，花一整天休息都是明智之举。俗话说“工欲善其事，必先利其器”，你要专门规划出休息的时间，并且确保这样的规划符合自己的规律。

将休息日定在周日，与我的个人想法有关。我一直努力在周日降低挡位、放松大脑。因此，周日时，我不收发邮件，不打电话，不做任何有关工作的事情。我会尽力为自己的思想充电，因为我的工作就是以创造内容和想法为主，休息就是在为下一周的工作做准备。我之所以能在工作中表现出色，正是因为得到了适当的休息。

将周末视为磨利斧子、补充能量的日子吧！换个角度来看，它同样有益于人际关系的发展。因为随着周一的到来，你将激情澎湃、得心应手地完成工作，并逐渐提升个人影响力。

在满血复活之前

有些人也许会说：“我休息已经够多了。每次一回到家，我就会躺在沙发上，边吃零食边看电视……”这是休息吗？难道这不就是我们常常做的事情吗？

从表面上来看，那或许是休息，而实际上只会把生活搅得一团乱。你每周工作 60 多个小时，忙着处理各种问题，回家后又要处理各种家庭问题，忙着照顾家人。你总是用油腻的、高糖分的食物将胃填满，然后又用咖啡和更多的工作为自己“充电”。久而久之，你的身体吃不消了。由于这样的理由，你打算任性挥霍一整个周末，索性在被窝里躺个一两天，或者直接请上几天假。

我想说的是，有些人看上去休息得不错，实际上，其生活方式不堪思量。真正的休息能让你满血复活。当你得到了充分的休息，能量满格，才能闻到玫瑰花的香味，听见鸟儿的歌声，感受到空气中的惬意，并体验到良好的人际关系。真正的、健康的休息将唤醒你，让你成为最好的自己。否则，正如以上描述的令人沮丧的场景，生活的浓雾将永不消散。

我们还可以换一种方式思考。你注意到了吗？手机在耗尽电量后，需要充电一段时间才能重新开机，恢复正常功能。在这一点上，人也一样。当我们耗尽了所有能量，就需要休息更长时间，才能重新上路。因此，适当休息才是我们正确的选择。

我们都知道，生活中应该做到劳逸结合。但我发现，习惯将这句话挂在嘴边的，往往都是工作狂。他们会安排一个疯狂假期，作为疯狂工作的奖励。这就是充满矛盾的“饥荒或盛宴”的充电方式。

对于休息的误解，可能会为你带来伤痛、负面情绪，浪费你的金钱。你的生活被搅得一团乱，而身边的人为了帮你收拾残局，生活模式也会受到负面影响。但如果，我们沉溺于持续充电，是不是就能融入当下了呢？

通常，我都会参照自己的日程表生活，不管那上面写的是什么，我都会严格遵循。当然，很多人并不这样做。但如果你跟我一样，日程表被安排得满满的，我建议你一切从休息开始。根据自己的实际情况，预先安排好休息日，并在日历上标注出来。

在每天的日程安排中，你同样需要一段充电时间。想想，你通常会在早上几点进入第 1 个挡位？午餐时分，你需要降低挡位吗？晚上，你又会作何安排？你的睡眠时间有多少？将休息时间纳入日程表中，有助于你更高效地工作、生活。

现在，让我们看看在乌克兰长大的娜塔莉亚如何看待第 1 个挡位。

5 GEARS 影响力加油站 有时候，你需要当个局外人

长大后，有人告诉我，“休息是进行另一项活动”。如果你写了一上午作业，那么扫地就是令人放松的活动。如果你在办公室工作了一整天，感到身心疲惫，那么去郊外挖挖土豆会是一种娱乐。而且，和家人一起干体力活的确能让我感到愉悦放松。

我们的生活，基本上就是在连续进行各种各样的活动。回顾过往，我发现在生活中的大部分时间里，我一直做着同样的事情。我真的懂得如何休息吗？我甚至没有思考过这个问题。一直以来，我都在改变自己的活动类型，并且认为这就是休息。

在这一点上，性格也帮不了我，因为我是一个思想者。我姐姐常说“你需要学习如何休息”，但我从没有把它当回事。

直到接触了 5 个挡位理念，我终于开始认真对待这个

问题。它触动了我，但令我震惊的并不是意识到自己不懂如何进入第 1 个挡位，或者如何真正放松自己，而是我恍然发现，自己并没有让身边的人享受他们的生活。

例如，每一周，我会有几天是早上 5：00 起床，然后去健身房锻炼身体。我习惯制订自己一整天，甚至未来几年的计划。我会在 6：30 回家，这时大家仍在睡梦中，而我已经开始执行自己的计划了。我常常因为他们没和我在同一个挡位上，没有与我产生联系感到沮丧。但对他们来说，我的计划充满压力、令人疲惫。

学习 5 个挡位理念后，我以一个局外人的视角，看到了自己的行为如何对自己与家人的关系产生影响。我必须学会抛开日程表，融入自己最珍视的人的生活。我为自己的改变感到欣慰。尽管这听起来很奇怪，但现在，我与家人已经成为更好的朋友了。

所以，在我的字典中，休息变成了“抛开日程表，享受与身边人的联系，让他们也感到舒适”。

通过学习 5 个挡位理念，娜塔莉亚能在回顾过往后做出一些改变，重新定义休息，并影响了自己与身边人的未来。那么，你需要做出什么改变呢？

那么，第 1 个挡位值得我们改变吗？为了找到答案，我们必须首先问问，生活没有了第 1 个挡位，会是什么样？

- 在第 4 个挡位中醒来，查收邮件；
- 终日被工作束缚；
- 一天中大部分时间都在第 5 个挡位，错失与他人互动的机会；
- 回家后继续保持在第 4 个挡位，直到上床睡觉；
- 错过与人交流和联系的机会，最重要的是，错过休息时间；
- 最终会因为生活和工作，被困在第 4 个挡位中，直到崩溃。

以上只是几个你我体验过的、有所感悟的例子。我相信，领导者在生活中恰当转换到充电模式，能平衡紧张而忙碌的生活，令身体更健康、内心更平和。如果你也这样认为，那么接下来，请行动起来。听听我在纳什维尔市的同事，高级投资经理埃米·诺顿的心得，理解为什么第 1 个挡位如此重要。

我是一名内向者兼养育者。学习 5 个挡位理念的过程中，我有了一定的感悟，并深刻意识到规划出第 1 个挡位的时间是多么重要。凭借这一理念，我重新认识了自己的性格与领导风格，由此调整了每日的作息安排。以前，我总会优先考虑他人的需求，忽略自己需要适当休息这一事实。

但现在，我学会了将第1个挡位的时间安排到日程表中，把休息放在首要位置。我开始降低挡位、散散步、捧起喜欢的小说、花时间照顾自己。如此一来，我的影响力圈子中的所有人，从家人、朋友到同事，都会受益。不管你信不信，跳过第1个挡位，实际上只会适得其反。

如果你想成为值得追随的领导者，固定安排每周或每日的放松、充电时间是必不可少的。当你考虑自己的休息需求时，记住以下几点：

- 跳过第1个挡位，将对个人影响力产生负面影响；
- 从不充电的人，往往会错失与人建立联系的机会；
- 滥用第1个挡位，健康也将受到影响；
- 用一把钝斧砍柴，消耗的精力更多，效率更低；
- 想成为值得追随的领导者，你首先要保证自己得到充分的休息。

5 GEARS

挡位转换指南

你累了？倦了？感到筋疲力尽、一蹶不振？如果真是这样，你就应该适当休息了。休息之后，你将感受到随之而来的积极变化，与此同时，与你一同生活、工作的人，也能感受到令人不可思议的变化。

预警信号：如果你……，你或许正处于病态的第 1 个挡位。

- 习惯逃避现实。
- 投入过多时间在第 1 个挡位上，没能与人产生联系。
- 过度关注锻炼和饮食。
- 一周中的大部分时间，都沉溺在某本新书或某个新想法中。
- 将个人充电时间看得比家庭活动更重要。
- 将工作和学习作为逃避与他人联系的借口。
- 极度依赖小部分的人际关系，不接触更广阔的世界。

- 沉迷于电视剧或网络游戏，并将其当成一种逃避的方式。

如何重获健康？

- 了解自己的休息方式。对你而言，健康的充电方式应该是怎么样的？
- 把时间投入到最健康的活动中，因为它关系到你的人际关系和充电活动。
- 在充电时间内设定健康边界。
- 偶尔邀请他人与你一同锻炼。
- 通过拓宽人际关系网，练习你的第 3 个挡位。
- 学习合理分配精力，不要害怕疲惫。
- 借鉴他人的充电方式，同时大方地分享自己的心得体会。

认真想想，你的个人充电需求和偏好，如何影响了身边人的生活？邀请一位值得信任的朋友，让他帮助你恰当地安排充电时间。

第 9 章

倒车挡：与坚硬的世界和解

《疯狂汽车秀》（*Top Gear*）是英国最优秀的电视节目之一，它虽略显粗野，但内容真实，幽默风趣，是一档不太需要动脑的电视娱乐节目。其中有一期节目我尤其喜欢。当时，主持人介绍了一辆产于 20 世纪 80 年代、由一家英国汽车制造商生产的三轮车，并为之取名为“可靠的罗宾”。

三轮车本身就存在许多问题，尤其是这辆可靠的罗宾。首先，它难以驾驭。其次，车内空间不足，承载力也不够，因为它只能靠一只轮子支撑车身的重量。最后的、也是最重要的是，这辆三轮车无法后退，因为没有倒车挡（也可能是倒车挡坏了）。不管怎么说，没有倒车挡的汽车很难开，需要驾驶员在停车的时候做出最后周全的考虑。幸运的是，可靠的罗宾不像其他汽车那么重，一两个人合作就能推动它。

如果用汽车代表人，这个世界上有多少人就是可靠的罗宾？

他们的反应不够灵敏，生活极易被扰乱，也没能掌握倒车，也就是后退或道歉的能力。这听起来太糟糕了。缺乏这种能力，就好像右手被绑在了后背上。可事实上，数百万人都是这样生活着。

倒车挡很了不起，可以平行停车，拖车挂钩，把车开进合适的位置。少了它，司机发生意外的风险将大大提高。有意思的是，在倒车技术上，我们家有光荣传统。我的祖父和父亲，都曾在乡村博览会上获得“倒车”的蓝缎带荣誉，我自己也是获此殊荣。（这样看来，我真是遗传了“倒车”的优良基因啊，真应该把它写进简历里！）如果把倒车翻译成领导力的语言，那么它表示的是后退、妥协或者道歉。

道歉会提高影响力，还是削弱影响力?

你知道如何道歉吗？尽管这样问似乎有些冒犯，但这真是个有意思的问题，不是吗？想一想，当你犯错时，你懂得如何道歉吗？你的妈妈和老师，教过你这些吗？更重要的是，你所说的真的是你要表达的吗？道歉是一门艺术，掌握这门艺术（你完全可以），需要学会某些技能。

自孩子们还很小的时候起，我就不停地充当他们的裁判官。那时候，我在家里最常听见的就是“他打我”。当我让肇事者向受害者道歉时，便会听见一声不情愿的“对不起”。接着，他们又继续玩在一起。

我认为，通过这样的方法，能够让孩子们逐渐掌握社交的艺术，更清晰地认识是非对错。但从道歉中，我们确实可以看出他们是在回应，还是在抵抗。这一点，放到成人的世界也是如此。

我们的社会，存在两种类型的人：回应型和抗拒型。一般来说，领导者更倾向于聘用前者、解雇后者，因为回应型的人具备更强的自我认知能力，不会沉浸于“我是受害者”的心态中，而是勇敢承担责任。他们明白，人需要为自己的行动负责，也会在发现自己明显越界后道歉。总之，回应型的人是最好的员工、伴侣和孩子。

相反，抗拒型的人往往会耗尽他人精力。他们拒绝承认错误，倾向于逃避责任；他们大多数比较傲慢，但又缺乏安全感；他们不甘示弱，宁愿激怒别人，也不愿意消除矛盾。抗拒带来斗争、责骂和逃避，对问题的解决有百害而无一利。

多年来，我一直拥有雇用高层领导的权力，而在寻找千里马的过程中，我通常会更关注其回应能力。一旦发现对方属于抗拒型人格，我便会友好地结束交谈，去见下一位候选人。抗拒型的人不值得被雇用，因为他们极有可能在以后的工作中带来不必要的大麻烦。

回应的根本是承认错误。当你发现对方属于回应型人格时，不用怀疑，他也会是有内涵的、能与身边人建立亲密联系的人。

在专业的体育比赛中，你是否见过有运动员在犯了明显错误后，立刻将责任推给队友的？他脱口而出："嘿！你在想什么呢？为什么你不……"这就是抗拒型的人会采取的策略：推卸责任，将负面关注转移到他人身上。该行为的问题在于，这是一场专业的体育比赛，上千万人都可以通过赛事回顾知道谁犯错了，试图推卸责任的一方在观众面前就像个傻瓜。

我们也会见到这样的运动员，他们在犯错后懊恼得捶胸顿足，举起双手承认："我的错。"他们敢于在全国百万观众面前承认自己的错误。在这种情况下，主动承认错误的运动员往往能得到"粉丝"的原谅以及队友的支持。你几乎可以从队友的嘴型中猜到，他们对犯错的同伴说了什么："没关系，比赛时保持冷静，会好起来的。"回应型运动员会获得"粉丝"和队友的支持，而抗拒型运动员则将失去大家的尊重。

人们承认错误时，其影响力也会增强，除非他们经常犯同样的错误（这种情况就会招致各种嘲笑了）。我们尊重愿意承认自身错误、争取下次做得更好的人，鄙视那些拒绝承认自己把事情弄得一团糟、反而责怪他人的人。能否赢得他人的尊重，与我们是否道歉直接相关。

那么，是什么让我们做出回应，又是什么让我们抗拒呢？

自我保护意识将破坏我们影响他人的能力。实际上，我们会在自我保护上消耗大量时间精力。深入理解自我保护的基本概念，有助于理清为什么有些人能道歉、做出回应，而有些人无法做到。

社会施加给我们的压力，致使我们收集、合计并保护自己的所得，以及那些“理所当然属于我”的东西。自我保护意识，源于我们害怕失去某些东西的自然倾向。因此，如果害怕失去工作，我们自然会不惜一切代价保住饭碗。可怕的是，这种害怕失去的意识，会让我们失去理智。我们会过于看重工作或人际关系，只因希望留住拥有的一切。这种情况时常发生。我们可以通过 3 个问题，分析自己的生活。

- 我想证明什么？
- 我想隐藏什么？
- 我害怕失去什么？

当你试图保护自己，以傲慢伪装成防守的城墙时，也就是在掩盖自己最好的一面。这时候，你身边的人看见的，只会是一个敏感、神经质、烦躁、说话总带刺的人，并因此开始对你敬而远之。于是，你逐渐失去了他人的尊重，个人影响力也受到破坏。在追求自我保护的过程中，你反而贬低了自己。

当我们逃避道歉时，是在逃避什么？

讽刺的是，自我保护带来的无一例外，全是负面结果。人际关系无法在这种相处模式下长期存活。所有的自我保护意识都基于恐惧，缺乏安全感的人无法全身心投入到与他人的交往中。

老实说，我也曾吃过这样的亏，那段痛苦的记忆至今历历在目。当时，我们刚刚向约翰·马克斯韦尔购买了一款名为宜乐的产品,并将其融入到基安全球公司系统中。刚满35岁的我，在很多方面都表现得狂妄自大。在一场动员大会上，我被邀请就创新性这一关键词发表讲话。但我的问题在于，太想让每一位听众都认识到我的身份和地位。这无疑是一种幼稚的、缺乏安全感的做法。就这样，我开始分享经验，试图证明我的博识与非凡领导力。

我开始滔滔不绝。如果你在场，肯定也能感受到会议室里的人在讪笑、在质疑。后来，我回想自己的行为，倍觉尴尬。我希望建立自我，反倒被自己的不自信所控制，影响力也由此遭到破坏。实际上，如果我只是简单地用行动为自己正名，一心服务于团队，个人影响力自然会快速提升。

对你而言，是哪种恐惧导致你竖起不必要的自我保护围墙？思考以下因素，圈出对你生活最具破坏力的一种。

- 被遗忘的恐惧；
- 被轻视的恐惧；
- 面临尴尬的恐惧；
- 不被尊重的恐惧；
- 失去控制的恐惧；
- 在他人面前失败的恐惧；
- 被证明自己犯错了的恐惧；
- 不被了解的恐惧；
- 想法被否认的恐惧。

无一例外，恐惧只会让你与最优秀的自己渐行渐远。它们在你以及下属之间筑起了一道高墙，蚕食你的影响力，抢夺你的自信心，破坏你的人际关系。我曾切身体会到它的危害性，也觉悟到：只有抡起长柄大锤，将自我保护的城墙敲个粉碎，才能换来足够的安全感。

安全感是天赐的礼物。在我认识的范围内，大多数有安全感的人都比较冷静、沉着、处事泰然。清楚了自身的优劣势后，你便能扬长避短。

安全感孕育自信心。我认识的一位优秀领导者，就非常清楚自己擅长当年轻领导者的导师，并开始在大学中对这些后辈加以塑造。他在商业排名中名列前茅，同时也涉足各大创业领域。

每天结束工作时，他都对自己扮演的角色信心满满，也会重新关注自己最擅长的部分，即在大学中培养年轻领导者，使之成为能够改变世界的人。

我就是受他指导的满怀抱负的年轻人之一。他的指导令我的生活发生了翻天覆地的变化。这位富有安全感和自信心的导师，为我注入了安全感和自信心，帮助我与其他伙伴在 1993 年开始了我们的首次创业。我非常感激他，同时也为自己认识他，感到非常自豪。

感到自信、安全之时，你便能投入到各种角色（也许某些角色在别人眼中非常枯燥无味）。有安全感的人即使无法在大公司里承担重要角色，也能在小公司里干得风生水起。他们往往出于赤子之心，就能够带着使命创建小型非营利组织，从事谦逊而不浮夸的工作。

有安全感和自信心的领导者内心谦逊，不会刻意向任何人证明自己。他们敢于做自己，无需隐藏任何问题。因此，他们可以自信地做自己想做的事情，静享辛勤工作的果实。

富有安全感、自信心的人能赢得众人的追随。谦逊的领导者属于回应型人格，更关注为他人服务，而不是享受服务，因此拥有更多的时间与人融洽相处。

人们容易被自信、有安全感、真性情且透明的人吸引。想想那些让你印象最深刻的人，是否具备以上属性？

真性情、透明，就是真实。人们喜欢真实的人。如果你希望增强个人影响力，那么请成为更透明的人，学会道歉、使用倒车挡。

说对不起不是容易的事。受自然人格驱使，我们确实很难将“对不起”说出口，所以现在，我们要减慢速度，进入倒车挡位，加以练习。深呼吸，大声说：“对不起！”再来一次，你可以做到！也许我现在看起来很滑稽，但我想说的是，把道歉的话语带入生活中其实并没有那么难。我们将提供一些场景，帮助你修补相关人际关系。

当伴侣说出刺耳但真实的话时，请冷静一会儿，感谢他的批评，并且说：“你是对的，我确实如此。不过，你能原谅我吗？”重拾对方对你的爱后，你可以将本书递出，让其阅读此章。

孩子们总是吵吵闹闹，但你因为事务繁忙，对他们过度严苛时，请停下来向道个歉：“宝贝，我很抱歉。我没能控制住自己。你们会原谅我吗？我的工作压力太大了，今晚需要一点安静的时间。”

同事侵占了你的地盘，你火冒三丈，恶语相向，那么请迅速做出简单的道歉：“苏珊，对不起，我发脾气了。我正在努力学习如何更好地沟通。我的恶语相向是没有道理的，为此我非常抱歉。”

每一辆汽车，都有需要后退的时候。没有倒车挡，那就是一辆破车。在这一点上，领导者也是一样。用心学习后退的艺术吧，你将顺利穿越眼前的艰难险阻，处理好最复杂的人际关系。

5 GEARS
挡位转换指南

学会使用倒车挡，把它添加到你的挡位选项中，成为一位有安全感，并且谦虚的回应型领导者吧。

预警信号：如果……，你或许正处于病态的倒车挡位。

- 将道歉作为满足需求的手段。
- 沟通时，总带有自我贬低或假意的谦虚。
- 利用道歉操控他人。

如何重获健康？

- 理解真心实意的道歉。
- 避免过度道歉，道歉要清楚、简明、真实。
- 在日记本上写下你的收获。倒车挡位能指引你更清楚地自己的性格或能力，避免继续犯同样的错误。

在一段核心关系中，如果你通过为自己的行为负责，适当地向对方道歉，并开始成为一个回应型的人，那么你们的关系会发生怎样的变化？对方又会怎么做？制作一张人名清单，看看是否存在需要修复的人际关系，然后做出回应。

第 10 章

3 个问题，助你攥紧人生控制权

现在，你已经了解了 5 个挡位背后的意义，是时候开始将它应用到日常生活中了。在这一章中，我们将帮助你发现你的自然挡位顺序、压力下的挡位顺序，以及生命中其他人的挡位顺序。

正如在本书开篇中指出的，每一辆车，都有其自然的挡位顺序。车的挡位顺序是从第 1 挡一直顺延到第 5 挡，并在需要时转换到倒车挡。传动装置的设计原理在于，保证引擎能够在恰当的时间里位于恰当的挡位。这套原理也适用于人。我们都有各自的自然的、真实的挡位，即自己的现实状况。

问题 1　自然状态下，你最喜欢哪个挡位？

那么，对你来说，自然挡位顺序是怎么样的？这里所指的并非你理想中的挡位顺序，而是你在日常生活中的实际运用状况。我与史蒂芬一致认为，分析挡位顺序，有助于理解并安排自己的挡位顺序。让我们先从史蒂芬的讲述开始，他的自然挡位顺序是“4—1—3—5—2”。

我最喜欢第4个挡位，并且享受工作多面性的本质。我总会不停地在邮件、Facebook、即时通讯、任务、电话、办公室，以及视频会议之间徘徊。我能够在任何地方工作，也在多元、自主的工作环境中得到充实与提升。我充满激情地投入到工作中，整日不知疲惫。我热爱我的工作，所以它对我而言，实际是娱乐，是在未来赢得胜利的梦想！

其次是第1个挡位。当外界的诱惑刺激远比解决问题的欲望更强烈时，我便愿意放松一下。在优美的环境中来一场高尔夫球比赛，对我而言就是第1个挡位时间。我喜欢比赛带来的身心挑战，因为它能让我专注于当下的事情。电影也能起到同样的作用。它能鼓舞人心、令人愉悦且发人深省。当大脑完全沉浸在电影情节中时，我默认设置的第4个挡位就会被抛到脑后。

接下来是第3个挡位。只要不是在过度劳累的情况下，我都非常享受各种社交活动，因为我能通过沟通、分享，结交到新朋友。正是让人感到放松的第3个挡位，给了我展现非凡魅力的机会。但我必须特别留意，否则便会不自觉地回到第4个挡位。因为越感到疲累，我就越容易回到默认设置的第4个挡位中。我必须努力让自己停留在第3个挡位上，尽管偶尔，我也会使用第2个挡位。

进入第5个挡位对我来说有些难度，但我非常着迷于它带来的收获。当然，这可不是一个想进就能进的挡位。对我来说，成功进入这一挡位的情况，要么是迫于最后限期的压力，要么是强迫自己与电子世界断开联系。因此，在横渡大西洋的航班上，我往往能更好地享受第5个挡位。

对我而言，进入第2个挡位通常是最困难的。我发现，要想让身体、情感与智力都融入平凡的家庭生活或无聊的聚会中，是巨大的挑战！我的大脑每时每刻都处于头脑风暴中，寻找解决复杂问题、塑造未来的方法。我本应停留在第2个挡位上，却经常谈到工作相关的话题。在最亲近的人眼中，我并没有完全融入，但我正在努力改变！

在使用倒车挡位方面，我的表现还不错。我不介意在认识到自己的错误后说对不起。更重要的是，不管是谁提出挑战，我都能真实坦然地面对。

注意，以上是史蒂芬自然挡位顺序，而不是他理想的挡位顺序。现在，在你写下挡位顺序之前，我先分享一下自己的挡位顺序。我的顺序是“4—2—3—5—1”。

第 4 个挡位是我的首选挡位。我的自然倾向是工作，甚至是不分昼夜地工作。因为参与了各种不同的风险投资，所以我总得没完没了地开会。在每一天或每一周结束时，我都需要收拾自己制造的残局。这意味着，我在去参加每一场会议的路上，都得不停地查看手机、收发消息。

紧随其后的是第 2 个挡位。你们可以回顾我在第 1 章中分享的故事。在过去的几年里，我用心关注与亲朋好友之间的交往。我的孩子们正在艰难地度过高中的叛逆时期，妻子与我都在努力与他们沟通、联系。我们尽可能一起吃晚餐，并将这件事当成优先事项。当然，我也需要定期和亲密的朋友联络感情。

我享受第 3 个挡位。我的性格比较外向，非常享受社交时间。与人共享晚餐是我的最爱（尤其是搬来英国之后），因为它结合了第 3 和第 2 个挡位。身为家里的规划者，我喜欢辅助大家定下共同前进的目标，让提前计划成为一种习惯。

对我来说，第 5 个挡位是最令人头疼的挡位。因为任务总是一个接一个，并且我也习惯在这些任务中来回转换，无法长时间保持专注。为了撰写本书，我不得已将第 5 个挡位的时间规划到了日程表中，以保证能在最后期限完成。尽管这说起来容易做起来难，但退出邮箱，打开音乐，确实有助于我进入专注状态。

最难的就是进入第 1 个挡位。我并不习惯进入自我充电模式，因为一般情况下，我都是在与他人的交往中充电。我是一个外向感触者，常常将时间花在帮助别人充电上，却忽略了自己的充电问题。这样的习惯，有时会带来更多问题。为了自身健康及长期影响力着想，我需要更好地进入第 1 个挡位。

你的挡位顺序对生活具有战略意义。你需要了解自己的时间分配，或者说，弄清楚自己习惯陷入哪个挡位，以及进入哪个挡位对你来说难度最大。

那么，你呢？你的自然挡位顺序是怎么样的？从现在开始，试着了解自己的个人挡位顺序。

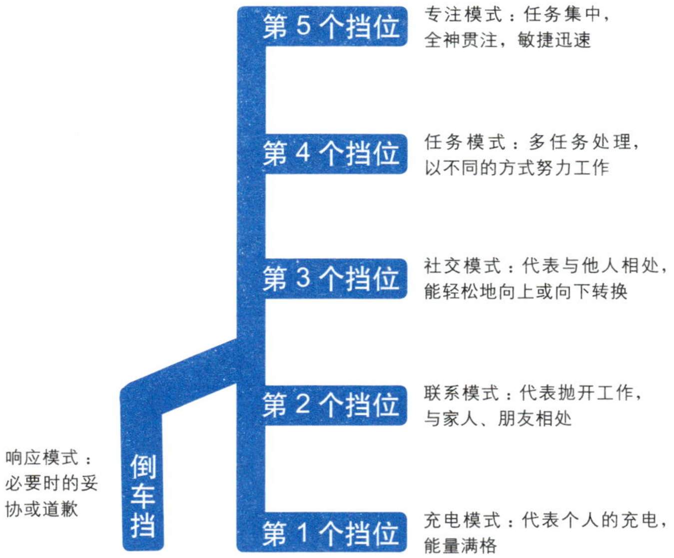

图 10.1　5 个挡位工具

你也可以参考 5 个挡位的示意图，帮助自己排列挡位顺序。从以下的指示开始吧。

1. 回到现实。想想你的实际挡位顺序，而非理想的挡位顺序。

2. 从最顶部开始。你经常进入哪个挡位？

3. 跳至底部。对你而言，进入哪个挡位难度最大？

4. 从左至右，列出你认为最容易和最难进入的挡位。

5. 于下方列出你的挡位顺序。

我的自然挡位顺序：________。

以下问题，能够帮助你思考如何处理挡位顺序的问题。

- 看到自己的挡位顺序后，你有何想法和感受？
- 排在第一位的挡位是哪个？为什么？
- 排在最后的挡位是哪个？为什么？
- 根据自己的挡位顺序，写下你最想改变的3件事。
- 你想与谁分享自己的挡位顺序？

在过去的10年里，优势领导力一直备受关注。它的基本前提是，关注他人的闪光点（优势），而不是浪费时间关注其缺点（劣势）。

因为本书涉及融入与连通性的学习，所以我们很有必要学习如何快速进入排在挡位顺序中最末尾的那一个。你在该挡位上的薄弱意识或能力，极有可能破坏你的个人影响力。因为延长前两个挡位的时间，无法弥补后两个挡位的不足。所以，了解自己的弱势挡位至关重要，是提升个人影响力的关键。

例如，如果更恰当地运用第1个挡位，那么我将体验到最真实的休息状态。而当我得到充分的休息后，家人便无需忍受我臭脾气。充分的休息能消除不安的情绪，让我内心更加平和。如果我能自如地使用第 1 个挡位，那么它将帮助我更高效地使用其他挡位。

问题 2　压力之下，你会首选哪个挡位？

了解了你的自然挡位顺序后，下一步要做的就是研究压力（不管是一般的，还是极端的压力）对你的影响。当然，你并不觉得压力重重，对吗？你说的每句话都字字珠玑，逻辑清楚，恰到好处对吧？好了，好了，我不再说反话了。

事实上，压力是日常生活的组成部分。生活中的账单、抚养小孩、工作、与邻居打交道等都会带来压力。此外，我们很可能还要面对截止期限、疾病伤痛、人际冲突、坏心眼的老板……这一切又会带来极端的压力。在各种压力下，我们与人沟通、融入当下的能力迅速瓦解。

我们认为，大多数一般的压力都是自找的，因为它们绝大多数来自自我意识的缺乏，或者在错误的时间里进入错误的挡位，进而无法融入当下。

通常，压力会欺骗你的大脑，触发你的自我保护机制。截止期限的步步逼近、他人的过高期望，都将加深你的恐惧。压力之下，我们的思维容易进入非理性或伪装状态，从而引发负面情绪的连锁反应，导致理性崩溃、联系断开。

例如，曾与我共事的一位领导者，总感觉自己要被辞退了。尽管事实并非如此，但在重重压力之下，他逐渐变得多疑，甚至开始不信任自己的管理团队：为什么他们要和董事会成员开会？他一面感到忧心忡忡，另一面又顽固地停留在第 5 个挡位。他关上门，开始上演一幕幕自己虚构的场景。最后，事情终于迎来转机。某位重要的董事会成员，请这位领导者正视了自己的问题。这位董事会成员的话犹如当头棒喝，终于起到一些作用。

在董事会的一番调解过后，这位领导者非常感激能经历这次挑战。他知道大家都在为自己着想，因此，一想到自己的行为就懊悔不已。因为有压力，他本能地激起了自我保护机制。紧接着，恐惧让他进入病态的第 5 个挡位，痴迷于自己无法控制的事情。

有意思的是，他后来发现，董事会实际上是在和核心高管们共同评论他的表现，想为他加薪，并未考虑过解雇他。而他的恐惧，差点摧毁这一切。他得到了一次教训。

非理性行为会毁掉每一个人。这种情况下，压力只会助纣为虐。一般的压力会使我们的挡位顺序逐渐崩溃，极端压力甚至会致使它顿时瓦解。我们发现，在承受压力时，人们会不自觉地进入第 4、第 5 个挡位，或者后退到第 1 个挡位。

经历一般的压力或极端压力时，你通常会进入哪个挡位？

先看看史蒂芬与我，在压力下的挡位顺序。

在一般压力下，史蒂芬倾向于进入第4个挡位——更卖力地工作。疲倦是罪魁祸首。他甚至会在休息时间里，仍然考虑工作问题。这种情况使他极容易从第2或第3个挡位中跳转到第4个挡位。

在极端压力之下，史蒂芬便会进入病态的第1个挡位。他倾向于疏远他人、自我封闭，终日埋头睡觉，或观看体育赛事。终于，极端压力导致他不愿与人相处，联系由此断开。

因此，史蒂芬的压力挡位在第4个挡位（一般压力）和第1个挡位（极端压力）之间摆动。

面对一般压力，我同样喜欢进入第4个挡位：全身心投入并完成工作。有时，甚至会工作到深夜。我还会利用周六补足本周没完成的工作。因为喜欢工作，所以有时候，我很难说明白什么是一般压力，什么又是日常现实。

在极端压力之下，我往往会仓促逃至第5个挡位，努力尝试解决问题。也就是说，很可能突然间，我会板着一张脸，开启战斗模式。我希望在这种情况下，所有人都知道我正面临着一个急需关注并解决的问题。

在极端压力之下，我的工作量通常不减反增。我的沟通受到影响，因为我将缩减直接与人的沟通时间，更多地通过邮件或短信发布命令。这对身边的人而言，可不是一件有趣的事情。

在这种状态中，我也倾向于将问题归咎于他人，推卸责任。

该模式的问题在于，我将失去他人的尊重，个人影响力也会受到负面影响。尤其在我没有与人分享期望，没有从统治者转换成拉拉队长时，后果更严重。我不喜欢这样的自己，但这就是事实。因此，我开始领导自己走出困境，或以先发制“人（自己）”的方式，让自己尽可能远离压力模式。

我的压力模式是第 4 个挡位（一般压力）和第 5 个挡位（极端压力）。

在一般压力和极端压力之下，你倾向于进入哪个挡位？好好想想，写下自己的答案，以供未来参考。

我的一般压力挡位：________。

我的极端压力挡位：________。

问题 3　你身边的人，倾向于使用哪个挡位？

5 个挡位理念在世界范围内广泛传播，在此期间，我们注意到不同性格类型的人在挡位顺序上的区别。

我们发现，内向者似乎更容易进入第 1 和第 5 个挡位。这并不值得大惊小怪，因为第 1 和第 5 个挡位是进入完全充电模式和高度专注的挡位。对内向者而言，他们更容易沉溺在自己的世界，不管是进行充电还是思考活动。第 1 和第 5 个挡位较少地关注他人，它们赋予了内向者所需的个人空间。

相反，由于自身人际交往的能力更强，外向者往往更倾向于进入第 4、第 3 和第 2 个挡位。如果你是一个外向者，那么你应该不会对这一结论感到惊讶，也不会疑惑为什么自己难以进入第 1 和第 5 个挡位。

正如前面提到的，作为一个外向者兼感触者，我倾向于进入第 4、第 3 和第 2 个挡位，因为我同样能在以上挡位中充电，并且照顾到身边人的感受。但我的妻子是一个内向者兼感受者，她需要时间独处，或者做一些不需要说话、花费力气的琐碎事情。她喜欢在第 5 个挡位中工作，或者在第 1 个挡位中阅读、进行体育锻炼。

了解自己的挡位顺序，对成为人们愿意追随的领导者而言至关重要，而了解他人的挡位顺序，则是一份为所有人准备的礼物。在了解自己及他人的基础上，学习领导自己的生活，学会支持他人，将帮助你领悟领导的意义，加速提升你的个人影响力。

5 个挡位理念非常简单。为了更高效地了解他人的挡位倾向，帮助他们更高效地工作和生活，我们建议你先帮助他们了解自己在不同压力之下的挡位顺序。

从自己做起，通过分享经验帮助你的家人了解各自的挡位顺序。另外，将5个挡位理念引进你的团队和公司。在后面的章节中，我们将介绍把5个挡位融入生活的具体方法。在这个阶段，我们希望你能简单地意识到别人对你的挡位倾向，以及你对他们的挡位倾向。

第 3 部分

影响力法则：成为人们主动追随的人

伟大的领导者都知道如何在正确时间里转换到正确的挡位，对他人产生积极影响。帮助他人了解各自的挡位并成功过渡，对每个人而言都是一项挑战，但首先，你必须有意识地生活，因为你无法给予他人自己没有的东西。

第 11 章

如何避免社交尴尬

如果看见一名愚蠢的喜剧演员在不恰当的时间、不恰当的地点，对着不恰当的人结结巴巴地说着不恰当的胡话，我们肯定会哈哈大笑。

然而，在每天的生活中，这样的人并不少见。

恰当地运用 5 个挡位，可以降低你在人际关系、聊天对话和生活场景中出丑的概率。

换句话说，当你判断该不该在某个场合中讨论某个话题时，需要考虑时间、地点和人物对话。这是情商与社交礼仪的结合，学会这一点，需要我们转变思维。当然，不介意像个傻瓜一样当众出丑的人除外。

那么，我们该如何运用目前学到的知识，做出改变，有效地影响自己和身边的人呢？让我们从时间开始。

没有不好的挡位，只有错误的时间

与人有约时，你曾比约定时间早到 1 小时，或者更糟糕地，迟到了 1 小时吗？意识到自己在错误的时间里做了正确的事情，那种感觉令人沮丧。你的目标是对的，但时间不对。喜剧演员因为掐准了观众发笑的时间点，而赚个盆满钵满；联合包裹和联邦快递，会对要求即时送达的服务收取更多费用；航空公司、电影、教堂和会议也需要按时间的安排运作。

然而，时间不仅仅只是一个数字，它还包括季节。挑战性的对话里有正确和错误的时间节点，包括实际的时间，以及对话时的心情或时间。

任何事情都有其该发生的时间点。如果想要增强自己的沟通和联系能力，你必须在与人进行交流之前，弄清楚当时所处的季节或时间。这种认识能帮助你了解自己、领导自己，并在正确的时间里转换到正确的挡位上。

我们每个人度过的每一天都千差万别，但基本模式大同小异。起床、睡觉、吃东西等，这些都是我们必须做的事情，而每个人都有自己的生活节奏。我们每天都或多或少需要处理家庭或工作上的事务，也免不了与客户、朋友、家人进行接触。

考虑到这一点，我们列举了办公室白领普通的一天的情况。我知道，每个人的时间安排都不一样，但为了便于理解，我想通过以下例子帮助你将一天的时间与自己的挡位恰当结合起来。

6：00　起床，第 1 个挡位

7：00　开车，第 1 或第 4 个挡位

8：00　工作，第 4 或第 5 个挡位

12：00　午餐，第 3 或第 1 个挡位

13：00　工作，第 4 或第 5 个挡位

17：00　开车，第 4 或第 1 个挡位

18：00　晚餐，第 2 或第 3 个挡位

20：00　社交，第 3、第 2 或第 1 个挡位

22：00　睡觉，第 1 个挡位

正如你所见，每个挡位有其自然的使用时间。一早起床后，不应使用第 4 个挡位，就好像汽车不能直接用 4 挡起步一样。我们需要在开始一天的工作之前热热身。

当然，以上日程表并不能一概而论。有些人会起得更早或者晚一些，也有人会讥讽道："哪有可能在下午 5 点就下班回家？"我想说的是，这只是一张基本的日程表，它大致描述了日常活动时间，以及选择进入某个挡位时所对应的时间点。

每当分享 5 个挡位理念时，总有人问我："一名以家庭和孩子为中心的家庭主妇，应该有怎样的日程安排？"我的回答如下：

6：00　起床，第 1 个挡位

7：00　早餐，第 4 个挡位

8：00　做家务、送孩子上学、与孩子玩耍，第 4 或第 5 个挡位

12：00　午餐，第 3、第 4 或第 1 个挡位

13：00　做家务或哄孩子午睡，第 4 或第 5 个挡位

17：00　准备晚餐，第 4 个挡位

18：00　晚餐，第 4 或第 2 个挡位

20：00　休息，第 4 或第 1 个挡位

22：00　睡觉，第 1 个挡位

以上安排与你或者你伴侣的生活一致吗？

这里的关键在于，学习如何根据自己一天的状态恰当地转换角色。例如，如果我认为自己需要为许多人的生活负责，并且回家后仍需承担同样的责任，那么很简单，我得一直停留在第 4 或第 5 个挡位上。相反，如果意识到家人希望我进入第 2 个挡位，那么我就得练习进入这个挡位。

时间本身自带压力。一般而言，我们在午餐时间都会进入第 3 个挡位，而工作需要更多的第 4 或第 5 个挡位时间。了解当前所处状态，你将拥有转换挡位并融入当下的优势。

以下练习可以帮助你灵活应用 5 个挡位理念。

制订日程安排 拿出一张纸，写下普通的日程安排。比如，起床和开始工作的时间点。

标注挡位 以时间为基础，在每一个时间段上写下对应的挡位，并认真思考它们的意义。你是否能找出阻碍你顺畅沟通的安排？你是否曾在错误的时间进入错误的挡位？

调整 在对应的时间段上写下调整后的挡位。如果你起床后便进入了第 4 个挡位，那么画掉它，写上第 1 个挡位。

分享程安排 向他人分享你的日程安排以示雄心，并与之讨论这份日程安排是否需要修改。

时间至关重要。在错误的时间进入错误的挡位，我们就会与身边的人断开联系。请在正确的时间点转换到恰当的挡位上。如果你有这种意识，那么在晚餐时间进入第 2 个挡位会是很容易的事情。但如果你习惯于坐在餐桌旁，眼睛却盯着手机，那么毫无疑问，你在家庭中的影响力将逐渐降低。因为当你关注手机时，与你联系最密切的要么是它，要么就是在它的另一端与你联系的人。而不管哪种情况，你与家人的联系都会断开。

为了创建正确的思想框架，融入与他人的交流中，你或许需要在日程安排或思维方式上做出调整。

你是“扫兴先生”，还是“假正经小姐”？

正如需要根据挡位考虑时间，我们也需要将地点纳入考虑的范围。不管是在家，还是在办公室，第 4 和第 5 个挡位都只适用于工作。如果你在餐桌上仍使用第 4 个挡位，那么只会收获负面结果。同样地，与朋友相处的第 3 个挡位时间，应该发生于社交场合。

你可曾体验过，在聚餐或其他有趣的社交场合中，大家都进入了第 3 个挡位，但偏偏有人使用第 4 挡位？如果真是这样，那他肯定是“扫兴先生”！现场气氛会变得很奇怪。一开始，你们也许还能在座位上，认真聆听或与对方谈论工作，但最后肯定会忍不住转过头，甚至起身离开，远离这些从头至尾就没有在恰当的地点进入恰当挡位的人。

因为平日里总是与许多来自不同国家、不同部门的人共事，所以关于这一方面，我们看到过不少闹剧。

我们有个项目叫“一个团队”，它的基本目标是使大家结成联盟，很符合领导者的愿景。每一次，在我们公示参与人员名单后，总有一个人不受待见。大家都清楚他一定得出席，但实际情况是，他们宁愿埋头工作，也不愿意和他合作。为什么？因为这个人往往会在错误的时间谈论不该谈论的事情，引起他人的负面情绪。

无论何时，你都要弄清楚自己在与谁相处、应该说些什么，尤其需要考虑当时所处的地点。

地点与时间紧密相关。早餐店通常不会在午餐时间营业，浪漫的晚餐餐厅也不会在早餐时间开放，而汽车电影院则是专为夜间而设。不同的地点，在不同的联系类型和特定时间上，都有特定的自然意义。看到以下地点时，你的脑海中会浮现哪种类型的联系以及哪个挡位？

- 星巴克咖啡厅
- 办公室
- 高尔夫球场
- 音乐厅
- 浪漫餐厅
- 酒店
- 操场或公园
- 教堂

时常有人来到以上某个地点后，会进入错误的角色，自己还浑然不知。错误的开场白，往往无法给人留下深刻的积极印象。浪漫餐厅为握手而设，而不是电子表格。如果某个人一直在错误的地点、错误的时间、错误的挡位中停留，那么他将快速失去影响力与连通性，最终在不知不觉中收获负面评论，以及人们的疏远。

赢得持续影响力的关键

要想掌握换挡的秘诀，你还需要关注影响力的5大圈子（图11.1）。我们发现，个人生活涉及由时间和地点组成的5大影响圈。有些人能轻松驾驭它，而有些人则迷失其中，不知该如何在恰当的时间里转换挡位。

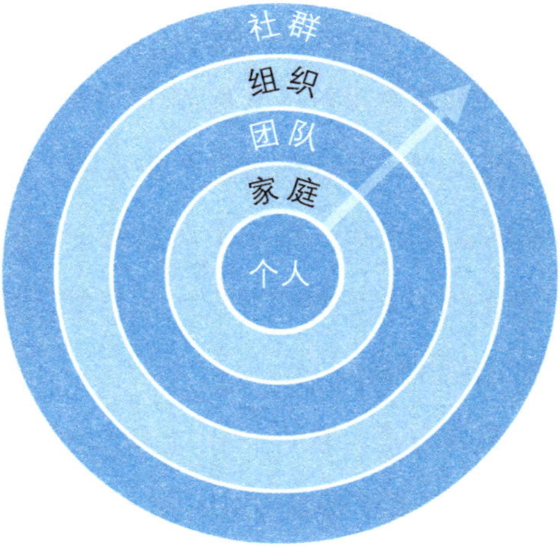

图 11.1　5大影响圈

影响圈由你审视自己开始，紧接着是家庭。家庭包括大家族、核心家庭或与家庭成员同一级别的亲密朋友。随后是团队，包括你的工作团队，或亲密的合作伙伴。我认识一位企业家，他没有员工，也没有直接客户，但拥有两家为自己客户提供服务的供应商。组织的范围较为广泛，其影响力也是如此。例如，你可能会为某个部门或团队工作，但付你薪水的却是某个社群或某家公司。最后，社群包括邻居、区域，或者某座特定的城市。

在5大影响圈中有意思的是，大多数人都在不同的圈子中扮演不同的角色。我们在家人面前是一个样子，在工作中是另一个样子，在社群中面对他人又是完全不同的样子。但获得长期尊重和持续影响力的关键在于，在5大圈子中保持同一形象。

每一个影响力圈都会辐射进其他圈子。例如，我认识的一对夫妻，双方都有工作，并且拥有一个残疾的、需要全天候护理的儿子。特殊的家庭现状，影响了家里所有人的圈子。在过去的18年里，他们对自己的挡位状况了如指掌，并且能在大部分时间里转换到正确的挡位。

我们与人联系的方式，也有正误之分。如果想提高情商，增强沟通能力，你就需要了解对方的时间、风格和所处的地点。让我们深入分析。

◆ 询问他人状况时，要考虑时间是否恰当。

- 向某人提出挑战需要考虑恰当的时间及方式，发送邮件显然不是恰当的方式。
- 与伴侣和孩子讨论工作，也要采用最适宜的方式。
- 向老板提出重大问题，也要考虑恰当的时间及方式。

在人们悲伤时，恰当的爱的话语能拯救其灵魂，并对其生活产生极大影响。相反，在错误的时间里说出错误的话语，可以毁掉一个人多年来积攒的声誉。

在适当的时间分享鼓励的话语，可以帮助人们丰富人生旅程，永远地改变生活。相反，随意的讥讽会让身边的人远离你。

人无完人，我们或多或少都有文不对题的时候。我写作本书，是为了帮助你了解自己，找到需要加强练习的地方，增强社交意识，提高情商，成为更好的自己。5 个挡位的设计，意在赋予你一种实用的新语言，提醒你积极地与他人建立联系。

想象你已经掌握在正确的时间里转换到正确挡位上的能力。如果你能在一天中自由换挡，恰当地与人相处，将会怎么样？这与情绪的稳定性以及内心的平和，存在怎样的联系？如果人们乐于与你产生联系，那不是很好吗？假使真是这样，就表明他们清楚，你已经懂得如何融入当下。

一位来自密歇根州的伟大领导者布赖恩，就曾深陷工作需求对他的束缚中。当时，他拿到了博士学位，一边工作一边指导他人。因为从早上 7：00 到晚上 10：00，他都一直停留在第 4 和第 5 个挡位中，到了晚上，他便很难关闭工作模式。但为了开始新一天的工作，他又不得不仓促进入第 1 个挡位。

后来，布赖恩学习了 5 个挡位理念，开始将它应用到生活中，并分享给自己的妻儿。一天，当他下班回到家，在走廊里与同事继续通话时，儿子敲敲玻璃，伸出了两根手指头，摆成一个 V 字。他的儿子知道，那时应该是第 2 个挡位的时间，但布赖恩忘记了。看到儿子的手势，布赖恩迅速结束通话，并转换了挡位。

布赖恩被儿子逮到在错误的时间进入错误的挡位，做一些不恰当的事情。当你一直停留在第 4 或第 5 个挡位里，你将很难从中抽离，除非已经通过练习成功设定了个人标记物（我们会在下一章中讨论），然后执行。

你可以学习如何做自己，增加在人际关系中的价值，提升建立联系的能力，但这一切，建立在你有意识地改变行为方式的基础上。如果你希望成为能在恰当时间、恰当地点，以恰当的方式进行沟通的领导者，那么，是时候领导自己了。

第 12 章

换挡的艺术：从按部就班到游刃有余

我们需要经过多年的练习，才能熟练操作手动变速器。此外，我们还需要一对能快速听辨最佳换挡时机的灵敏耳朵，拥有良好的手、眼、脚的协调性，在第一时间用左脚踩离合，让挡杆协调滑至正确的槽位，顺利转换挡位。所以说，换挡既是一门艺术，也是一门科学。

如今，大多数的北美汽车都配置了自动变速器。这样的汽车能自动变速，一路上无需司机自己换挡。但我们的人生和生活中并不存在自动变速器，所有人都需要自己学习和掌握健康地转换挡位的技巧。

久而久之，我们的人际关系转换技能将逐渐提升。一开始，我们只能按部就班，一步一个脚印，等到进步了，便能自然地融入身边人的生活，自动感应并化解潜在的尴尬。这就是我们希望达到的境界，本书可以作为你的使用手册，指导你健康地与人联系，增强个人影响力，得到他人的尊重。

练习，练习，再练习

想象一下，你驾驶自动挡汽车已经好几年了。现在，你想开一辆 1963 年产的雪佛兰科尔维特去兜风。它是一辆两座的敞篷跑车，当然，变速器是手动的。你启动汽车，预热发动机，左手握住方向盘，右手握住变速杆，左脚放在离合器上，右脚放在刹车上。一切就绪，准备出发。你认真查看眼前的路况，一脚踩上加速器，另一只脚松开离合。

“砰！”引擎熄火了。哈，得等上一段时间了，对吧？你看看变速杆，这才意识到，自己启动的挡位太高了。于是，你踩上离合，转换到空挡，重新开始。

你重启引擎，一点儿也不敢马虎。现在，汽车处于 1 挡。你启动发动机，松开离合，右脚踩油门。“呜呜——”你听见引擎在咆哮。当耳朵听出引擎已经蓄满能量，你就知道，是时候换挡了。

你左脚踩上离合，右脚松开油门，右手将变速杆推到 2 挡。整个过程中，你的眼睛保持注视前方，左手紧握方向盘。但这时，你听见了挡位摩擦的声音“突——突——”，你赶紧挂回空挡。1 小时后，经过错误的练习后，你终于掌握了换挡的正确节奏，开始享受雪佛兰的速度与力量。

俗话说，熟能生巧。正是有意识的练习，才能让你在驾驶时平稳地转换挡位。记住，这是一门艺术、一门科学。在这一点上，与融入和人相处的当下有着异曲同工之妙。

不管我们是与孩子、同事，还是老板相处，其原则都一样。我们需要学会融入、学会换挡，使自己全身心投入。这不会是偶然，需要我们有意识地练习。如果你压根不知道应该转换到哪个挡位，那么，你就有麻烦了。

了解自己应该在什么时间、什么地点进入哪个挡位，你就可以开始练习了。首先意识到自己的问题，然后进行思考。你在哪里？你正和谁在一起？这是你练习换挡时应该考虑的问题。此刻，应该进入哪个挡位呢？抓紧练习吧！

作为某国有合作社的常务董事，查德似乎拥有耗不完的精力。每天早上，不管要去哪里，他都充满了激昂的斗志与决心。因为有这样的领导，他的下属也非常清楚，在他底下工作是一项挑战，必须时刻保持高效高产的工作表现。但最近，查德正在思考 5 个挡位理念，并从中领悟到，要在不同的场合中适时地“踩离合”。

于是，在去参加会议的路上，或会议刚结束时，查德会选择稍稍和同事进入第 3 个挡位，不过只逗留 30 秒。他并不擅长进入第 3 个挡位，但这是一个转换和成长的阶段，他逐渐意识到这个挡位能够提升下属对自己的支持度。因此，他开始有意识地将第 3 个挡位的时间规划到每日的行程中。一些简单的闲聊，例如“周末过得怎么样”，打破了查德所谓的人格面具，同时又无碍于他实现卓越的贡献和成就。

从小事开始练习，然后观察它如何影响重大的事情。

设置触点，让换挡更轻松

我一生中做过的最棒的事情，就是在脑海中设定刺激自我行为的标记物。这些标记物会提醒我转换挡位。你也可以做到。标记物是 5 个挡位能否帮你实现改变的重要工具。以下是部分标志物，希望能够帮助你顺利转换挡位。

选择离家 3 ~ 8 公里的标记物作为转换到第 2 或第 3 个挡位的触点。我的标记物是距离家还有 3 公里的迅旅加油站。在亚特兰大，由于交通堵塞，我回家往往需要 10 分钟车程。迅旅加油站是我的降速区，它提醒我结束通话，开始考虑妻儿一天的生活。于是，我会转变思维，为他们祈祷，思考他们晚上可能需要什么。标记物提醒我开始准备与家人联系。如果你还是单身，也可以利用标记物调整自己的状态，转换到不同的挡位上。

以邻居的家作为标记物，提醒自己将手机放进口袋或提包里。路过邻居家时，你要把手机塞进口袋、包里，或者直接留在车里。这样，家人迎接的将会是一个全身心投入的你，而不是沉溺于手机的你。如果你还是单身，也可以让自己进入充电模式，而不是继续停留在第4个挡位。

以58分作为标记物。如果你在2：00有一场会议，那么请将1：58作为你从第4个挡位转换到第3个挡位的标记物。想想与你会面的人，以及你们此次会面的目的。和对方见面时，不妨先来几句第3个挡位的寒暄，然后再转至第4个挡位。你会注意到，自己的影响力会逐渐增强。

将某个特定时刻设定为你的标记物。如果你有几天与孩子相处的时间，可以选择将某个特定时刻设定为触点。"孩子们，现在已经9：00了，让我们开始做功课吧。（第4个挡位）"同样地，在需要转换到第3或第2个挡位时，你也可以将下午5：00设定为触点，对孩子们说："谁准备好在晚餐前放松一下呢？"

在工作中设置第5个挡位的标记物。许多领导者都会在办公室门或桌子上做一系列的标记，以告知大家，自己正处于第5个挡位中。事实上，第5个挡位的提示牌，正是雷·格里芬和其在俄克拉荷马州的团队使用的标记物。“我们的员工，正在实施‘开门政策’。如果办公室的门敞开着，说明他们正处于第3或第4个挡位；如果门只打开了一道缝隙，表明他们在第4个挡位上；但如果那扇门紧闭着，则代表他们进入了第5个挡位。有了语言和可视化的标志，我们便能清楚地知道应该如何回应、如何尊重彼此。”

来自亚特兰大的谢丽尔，分享了标记物如何改善她与儿子间关系的故事。

“5个挡位理念确实对我的生活产生了非常大的影响。进行自我分析后，我意识到自己几乎终日停留在第4个挡位上，就算在家里也不例外。下午5：00过后，我仍继续查看邮件、处理工作事务，并未将更多的精力投入到儿子杰克身上。

“杰克当时才6岁，非常渴望得到我的关注及陪伴，但我并没有为他留出任何时间。于是，我决定将家附近的加油站作为标记物，有意识地从业务电话或邮件中脱离出来。

“就这样，每天从下午5：30开始，一直到杰克上床睡觉之前，我都不再查看邮件或处理工作事务。就算是周末，在杰克睡觉之前我也不会查看邮件，或者说，我不会在周末的白天工作。不过，在他睡着之后，我便可以照例查收邮件。

“对我而言，做出这一改变非常困难，但它确实带来了不可思议的影响，给予了我与杰克莫大的恩赐。

“得益于5个挡位理念，我与杰克度过了许多黄金时间。我陪他做功课、玩耍。我们一起准备晚饭、一起聊天。他从没像现在这样快乐。我终于意识到，因为没有给予儿子足够多的关注，我错过了多少美好的事情。而5个挡位让我的生活发生了积极的变化。”

来自美国威斯康星州的蒂姆也向我分享了自己转换挡位的方式。他说：“标记物让我意识到自己每天所处的位置，以及在某个时间段，我应该处于哪个挡位。下班回到家后，我会下意识地要求自己从第4个挡位转向休息挡位。回家路上，我会经过一个固定的地方，我将它作为提醒我开始转换到第2个挡位的标记物。我极少甚至不想进入第1个挡位，因为在第2个挡位我便能感受到快乐。”

换挡的关键：仔细聆听，认真观察

我知道，转换挡位并不容易，但当我们学会如何转换时，它将让这个世界变得不同。我们的生活和人际关系都将得到改善，随后实现内心的平和。有一年的情人节，我正在家庭办公室里奋笔疾书，妻子突然打开门告诉我，她打算今天游泳池边办野餐会。我多希望自己能告诉你，即刻关掉电脑，与妻子共享野餐时光是一件多么轻松的事情。可惜，这一点也不容易。

妻子面带微笑地站在门口，手里提着装满各种食物的篮子，满心欢喜地等着我的回复，而我却难以转换自己的挡位。有意思的是，当时我正在写本书中关于融入当下的内容，即使如此，转换挡位对我来说仍是一件难事。我的大脑完全沉浸在第 5 个挡位中，但最后，我还是关掉电脑，牵起妻子的手一同走到游泳池边的树荫下，共同享受美好的野餐时光。

不管身处何处，转换挡位、融入当下都是困难的事情。来自美国威斯康星州的珍妮同样向我分享了转换挡位的故事，听起来非常有趣。

5 GEARS 影响力加油站 5 个挡位语言，让从工作模式转换到家庭模式

参加 4 月份的一场分享会后，适时转换挡位逐渐成为我生活中的优先事项。我和丈夫讨论了各自在家里以及进入工作状态的挡位。5 个挡位成为我们的共同语言。如果丈夫发现我在家时仍处于不恰当的挡位，他会说："亲爱的，你现在还处于第 5 个挡位。"我非常欣慰他能这样提醒我，因为不断成长对我而言真的非常重要。

一天晚上，我向丈夫指出，他在晚间的家人团聚时间

总是查看邮件，这对我造成了困扰，而且这些邮件还有可能影响到大家一晚上的心情。经过探讨我们发现，没有一封邮件是不能等到第二天早上回到公司再处理的。如果人家真的找他有急事，自然会打电话。

5 个挡位让我们比以前更容易从工作模式转换到家庭模式。丈夫也一直很努力地克制自己，不去频繁查收邮件，而是从工作中抽离出来。

我们能够从第 4 或第 5 个挡位转换到恰当的挡位，但必须是在有意识的前提下。并且，如果想做到轻松换挡，你必须勤加练习。

多数人也许会觉得，在办公室里工作能更投入，因为他们能感受到更清晰的过渡节点。但在下班回家的路上，应该设定一个转换挡位的标记物。而当你在家工作，或成为一名专职太太（先生）时，转换挡位就更难了，因为在家里，所有人的挡位都不一样。

如果这就是你的现状，那么做出改变的关键在于，选择合适的时间作为标记物，将 5 个挡位的语言应用在家庭生活中。

一次，我在威斯康星州的拉克罗斯市做关于解放领导力的演讲。正当我与 200 多位领导者分享日程计划和工作中的标记物时，我注意到，在座的一群女性对在家工作和孩子的教育充满了疑问，因为她们的日程和生活远比一般女性更复杂。她们好奇，在这样复杂的情况下，5 个挡位理念应该如何应用。这很有意思。

我的建议非常简单，尽管每个人的生活和工作方式不尽相同，但需求大同小异，无非就是沟通、休息和工作。因此，了解自己在生活中和在压力下的挡位偏好，然后为了成为最好的自己，为身边人着想，不断练习即可。

对部分人而言，处理生活中的复杂问题，就像处理离婚或病态的家庭状况一样困难。但不管你的现状如何，请学习如何恰当换挡，优化人际关系以化解艰难的处境。

面对过渡期，学习并掌握方法是一回事，帮助他人顺利过渡又是完全不同的另一回事。不过，成长总是先从自己开始。当你日渐成长，情商不断提高，便能获得身边人的尊重。5 个挡位的力量在于语言。当然，这些普通词汇也能用手势表达。

正如前文提到的，从企业高管到全职太太，不少人都在学习如何将 5 个挡位的语言融入工作和家庭。丘奇燃油公司（Church Fuel）董事长米迦勒·罗卡瑟斯基也将 5 个挡位理念应用到了家庭生活中。我很喜欢他的描述。

5 个挡位为妻子和我创建一些共同词汇，使我们的对话不再带有防御性，例如，“嗨，宝贝，让我们一起进入第2个挡位吧”，或者“你需要陪陪孩子”。5个挡位创造了客观而非主观的语言。

另一位领导描述了他在一场危机中使用这种新语言的情况。

最近，在一场工作危机中，我对妻子使用了5个挡位的语言。当时，我们一同外出游玩，而我突然接到了公司的紧急电话。有了5个挡位的语言，我可以这样说：“此刻，我必须进入第5个挡位，但我会在2小时后重新进入第2个挡位。”妻子表示理解。这种语言使沟通更容易，还能帮助我在应对工作的紧急状况后，重新回到与妻子相处的时间。

大部分的负面影响源自带有批评色彩的主观评价。批评性语言会激起个人的防御本能，同样以刺耳的话语做出反驳。如果我们的语言能够更加客观、清晰、简洁，那么，所有的负面影响和不安情绪都将不复存在。

不管是从第1个挡位转换到第2个挡位，还是从第4个挡位转换到第5个挡位，都有其自然的时间。仔细聆听、认真观察，你会发现，汽车引擎和路况都会告诉你最恰当的换挡时间。甚至，某些汽车还自带适时换挡功能。

听了如此多的例子和故事后，你了解自己的转换点了吗？以下是关于如何找到转换点的练习，希望能为你提供帮助。

在一天的开始，使用第 1 个挡位。我们鼓励你学习为自己充电，并在开始工作之前完成这项活动。

在上班路上的转换。试想，如果你开车上班，如何才能更好地利用这段第 1 个挡位的时间？

顺利进入第 4 和第 5 个挡位。有些人很难进入工作挡位，但为了顺利过渡，需要做些什么呢？

在午餐时间进入第 1、第 2 或第 3 个挡位。可以休息一下吗？当然，尽管很多时候我们忙到连吃午饭的时间都没有。然而，如果长期不与人产生联系，那么你的健康和影响力将受到消极影响。

以 58 分为界，实现更高效的转换。你是否在工作上遇到过沟通方面的问题？在开会前，用两分钟解决沟通问题，然后观察此举对情商及影响力的影响。

学习如何在下班回家的路上换挡。在这段路程中设定标记物，它可以是一座桥、一块广告牌，或是其他任何显眼的物件。利用标记物提醒自己在正确的时间进入正确的挡位。

在家里分享 5 个挡位理念。当你将 5 个挡位理念教给家人时，你的家庭文化也将产生变化。看看接下来会发生什么，相信你将成功改变个人生活习惯。

转换到休息挡位。晚上，你如何转换至正确的休息挡位，以确保第二天的高效高产？找到并投入能让你精力充沛的活动中。

常有人问我，空挡是否也算是一个挡位。答案是否定的。因为挡位驱动汽车或人前进或后退，而空挡只是挡位间的过渡。当然，汽车可以在空挡的状态下保持静止，但它仍不是一个能取得进展的挡位。

空挡专为挡位间的过渡而设。有些人在转换挡位时需要较长的过渡时间。然而，勤加练习，你的转换就会更加平稳。空挡不是一个挡位，不过，它能帮助我们更好地在合适的时间，进入合适的挡位。

5个挡位讲述的是将情商融入领导生活的应用技巧。它将带来更高的连通性、更大的影响力和更多尊重。学会流畅换挡，相当于在改善自己的生活和领导体验。然而，要想长期获得想要的结果，有意识的执行必不可少。

第 13 章

用“有意识”拯救麻木

我认为,“有意识”(Intentional)的反义词应该是“无意识”(Unintentional)。有意为之表明带着某种目的做事,而无意为之是希望事情碰巧发生。有意识地生活意味着已经有准备妥当的想法和计划。相反,无意识的生活意味着不会思考太多。有趣的是,大部分人都过着无意识的生活。

- 他们希望孩子长大成为一个负责任的人。
- 他们希望自己以后能拿到退休金。
- 他们希望看到有事业有成的那天。
- 他们希望自己聘请的新员工都全明星员工。

你注意到反复出现的“希望”一词了吗?我们过着无意识的生活,却抱着希望行动。而如果能过上有意识的生活,我们便会坚持将希望作为动力，有目的地计划和行动。

无意识地领导都是低效的，同理，这种教育对每个人都有危害。尽管这样，但这种类型的领导和教育每天都在发生。人们希望老师、邻居、爷爷、奶奶能帮助他们教育孩子。人们希望新雇的员工能够自学成才，因为他们不想花时间培训新人。人们希望自己的梦想成真。

而真相却是，你必须花时间做正确的招聘，教育孩子，指导职场新人。拙劣的训练只会浪费金钱。相比单纯希望员工或孩子像自己希望的那样，仔细投资获得回报的概率要高得多。

有意识地投资你的时间：融入当下

正如在短期内正确投资一辆车，能为你降低长期成本一样，营造让大家茁壮成长的文化环境，虽然会花费时间、精力和金钱，但能为你避免许多问题，例如，高额的招聘费用。

对家庭来说也是如此。有意识地投资时间，融入与亲近之人的生活中，我们有可能获得可观的回报。没错，每个孩子都有犯错的时候，但我坚信，融入与孩子的相处，你将收获更积极的影响，这远比花钱给他们买玩具或者带他们去旅行效果更好。相比物质上的给予，他们更需要的是你的陪伴。

我的父亲是一名伟大的农民。他给予农场无微不至的照顾，每个月都会花上好几个小时做月度计划。他对那片土地了如指掌，也明白应该为未来而投资种植技术、管理土地以及优化培育模式。根据账单，在大部分的年份里，除非遇上旱灾或重大事故，农场都能为家庭带来一定的收益。父亲耕作的秘诀就是，有意识地成为投资土地的好管家。

也就是说，投资是一种有意识的生活方式，而有意识本身也是一种生活方式。自我意识将帮助你认清自己的模式和偏好。为了对生活中的人进行投资，不管是在工作中，还是在结束工作后，你都必须做出必要的改变。

来自佛罗里达州那不勒斯市的布雷恩·胡德深谙此道。他逐渐意识到，当自己把汽车开进车库时，宝贝女儿就会变得很兴奋。但后来，女儿知道他会留在车里 20 分钟，把电话和邮件中与工作相关的问题都解决完才进家门，她就不那么兴奋了。布雷恩下定决心做出改变。现在，他会将手机留在车里，以便更加在家庭生活中更加投入。他做出了改变，并承诺不再错过陪伴女儿的短暂时间。这就是一种具有自我意识的、有目的的陪伴，就是一种有意识的生活方式。

一开始，我并未意识到自己没有完全融入生活，没有主动做改变生活、拉近与孩子距离的事情。我在一个充满压力的职位上工作了近 7 年，后来我终于雇用到一位优秀的领导者，解放了自己，然后举家搬到英格兰，开始过有意识的生活，开始定义“我是谁，我想做什么”。事实上，本书就是这种有意识的生活的产物。

这个过程，直接推动我与史蒂夫·科克拉姆创建了第五家基安公司，即基安全球。该公司的使命是帮助人们成为值得追随的领导者，并训练他们培养其他新的领导者，打造出每位员工都愿意为之付出的文化氛围。

我们搬进了一座建于1583年的历史庄园，将来自世界各地的领导者聚集在一起，帮助他们重建或恢复自己的人际关系。史蒂夫和我开始关注自己的生活、家庭和孩子，本书的理念也由此诞生。我们意识到自己的问题所在，并学习转换挡位，比以前更具意识地回应问题。我的妻子也开始欣赏新投资带来的变化。

如今，我们已经创建了超过50个基安协会，分布于全球多个国家，正在帮助其他领导者和组织，更具意识地关注自身的领导方式，并指导他们发展高潜力的团队和自由文化。一如我们预料，这些领导变得更有安全感、更自信而谦逊，成为人们愿意追随，而不是必须追随的领导者。而我们所做的，只是简单地把原则和概念纳入组织中，帮助他们变得更有意识、更一致、更健康。

在英格兰的日子里，我们有幸招待了来自全球各地的领导者。有时，这些领导者也会携带各自的伴侣来到我们的庄园，请我们帮助改善其在工作、家庭和社群中的领导关系。最令我们印象深刻的体验之一，发生在斯科特·高斯博士（Dr. Scott Koss）与其妻子葆拉（Paula）身上。阅读他们的故事时，请注意高斯有意识地将陪伴作为优先事项这一改变。

5 GEARS 影响力加油站 创造力和领导力的双双提升

能在接受 5 个挡位理念后分享自己的经历，我倍感荣幸！我想与大家分享它如何提升我的领导力。杰里米帮助我将现实中的心理和生理上的经历，提炼成一种视觉理念，让我学会适时换挡，成为更优秀的领导者。我将 5 个挡位理念依次应用在了家庭、团队以及对自己的领导上。

首先，挡位的概念促使我有意识地在到家之前，从第 4 或第 5 个挡位转换到较低挡位。毫无疑问，这种有意识的、更深层次的融入，使我与家人相处得更融洽自然。5 个挡位理念后来发展出了每周一次的“高斯家庭休息日”。在这一天，我们放松身心，与亲朋好友共度美好时光。有趣的是，在休息日之后，我们能够更轻松地完成家庭任务了。我相信，5 个挡位理念将继续为我们家带来积极改变。

最近，在基安全球公司集中接受了关于提升领导力的培训后，我开始有意识地进入第 5 个挡位。外向型的我有时也需要采用专注模式，拒绝外界的干扰，在工作中保持高效。由于做出了这一改变，我有效提升了自己的创造力。固定的冲刺时刻，带领我到达了职业生涯中的领导力新境界。感谢你，杰里米，是你为我们介绍了有意识的生活方式。

试想，如果你花在工作和生活上的时间更平衡一些，不仅掌握管理时间的技巧，还具备有意识的联通性，那生活将是怎样的？试想，如果每天都能有意识地生活，你将体验到哪些深层次的联系？一切都有发生的可能，只要你有意识地生活，并保持这种状态。

下面，我们会介绍一些 5 个挡位在工作和生活中的例子，希望对你有所启发。来自佐治亚州亚特兰大市的琳达·克赖顿分享了有意识地生活和工作后的收获。

5 GEARS 影响力加油站 适时换挡，释放压力

在最近一整个季度里，我每天都非常忙碌。在大部分的时间里，我都处于第 5 个挡位，因此每次下班时都感到筋疲力尽。我一走进家门，便会不自觉地降到第 3 或第 2 个挡位，甚至有时直接进入第 1 个挡位。

即使在家里，我与丈夫也没有产生任何联系。我不爱

参加社交活动，也不会停下来照顾自己的身体。

直到上回，一位朋友向我介绍了 5 个挡位理念，我才意识到自己需要做出调整，需要放下某些工作，让其他人也承担一部分我一直独揽在身的责任。这样，我才不至于一直需要在第 5 个挡位上工作，然后拖着疲倦的身躯回家。

除此之外，我还意识到自己极少在工作中进入第 3 个挡位。自我分析过后，我发现原因有两点。第一，我过于沉浸在第 5 个挡位；第二，我不希望自己的状态影响他人进入第 3 个挡位，并且办公室已经有很多处于第 3 个挡位的员工了。因此，我并没有花时间以个人的方式与团队沟通，没能提升他们在工作中的价值感。

自从学习了 5 个挡位理念，我逐渐掌握了在必要时转换挡位的健康方式，不会一次性在第 4 或第 5 个挡位停留过长时间，而且能够在下班后顺利进入第 1 个挡位。5 个挡位的共同的语言，让我与团队成员的沟通更高效，并积极提高了工作效率。现在，5 个挡位的语言一直在帮助我向团队传递积极信息，并使我的生活和领导方式更具目的性。

有意识地领导你的生活：张弛有度

有些人总会受工作压力和个人偏好影响，很难融入当下、

有意识地生活，致使大脑经常被困在第 4 或第 5 个挡位中。如果你也是其中一员，那么以下这些练习，可以帮助你更有意识地与同事、伙伴或员工建立联系。

早上，在连珠炮式地向员工抛出问题、下达命令之前，给大家热身的机会。你将惊讶地发现，给员工一杯咖啡的时间，或是一个查看邮件的机会，他们便能更快地投入，并在接下来的一天中与你并肩作战。

走到某位员工的办公桌前，不提任何要求与命令，只是简单地闲聊（第 3 个挡位）。你或许需要准备好薄荷油，因为也许有人会因为太惊讶而晕过去。

每周给你的团队打一次电话，只需保证内容与工作考核无关，时间可以选在你开车前往某处的途中。

与某人共进午餐时，进入第 3 个挡位。在没有日程安排的情况下，我习惯与员工一起吃午饭，当然，我会提前告诉他们时间，以便大家能更好地了解对方。小小的行动能带来巨大的变化，真的非常令人惊叹。

营造 5 个挡位的氛围，训练你的团队用手势表示挡位的转换。

解释 5 个挡位理念，为各个挡位设定特定的符号或标志。它将帮助大家理解你当前的状态。

以上练习将增加你的核心人际关系资本，帮助你提高工作效率。

有意识地工作和融入，可以让你与同事的行为更一致。你将更好地识别他人的心态，当你们不在同一挡位上时，及时察觉并做出调整。

回过头再看看我们的客户瑞安·安德伍德，他在工作环境中有意地应用了以下方式。

虚拟团队　如果像我一样，拥有一个虚拟团队，那么不可避免地，你将面对来自不同地区的团队成员，其中包含外向者与内向者。一直以来，我们都会通过一个会议专用APP，用清晰的项目表进行第4个挡位的会议，所有人都能有良好的工作感受。不过，我们会在会议开始之前进行一些第3个挡位的对话。在给出任务清单之前，真诚地与团体成员沟通交流。

团队活动　结束一天的工作后，一些团队成员会选择共进晚餐。设定晚餐基调的一个简单方法是有意识地说："嘿，各位，我们要吃晚餐了，都进入第3个挡位吧。关闭电子设备，也别讨论公事了。"大部分人都不懂得以语言设定聚餐基调，因此，声音大的人更有可能成为主宰。举起3根手指头吧，所有接触过5个挡位理念的人都能理解，不必担心被当成傻瓜。5个挡位的语言，允许你更好地表达自己的期望。

短信 领导者总是需要在与人会面、通话等事情上花费更多时间。手机帮我实现了挡位转换，保证了与团队的有效沟通。在手机的信息板块中，我设置了一个“以文字回复”的功能，如果团队成员呼叫我，而我又恰巧在通话、开会或进行其他活动时，可以简单地按下“以文字回复”按钮。我已经提前设计了信息，可以将它发送给我的团队，表明：“我正处于第5个挡位，转换后会尽快回复您！谢谢！”这可比打字快多了，也比忽略信息或几小时不回复更好。

视频通话 5个挡位帮助我们解决了两个问题。我正在有意识地将它带到利用视频通话的工作中。我们可以编辑文本信息：“你正处于哪个挡位？”对方可以轻松地回应1或5。但我们都知道，对方更希望得到“我正处于第4个挡位”的答复，这样的话，他们就可以继续谈论工作上的问题。结果呢？我们的团队通过将5个挡位理念与即时通讯设备Skype相结合，极大提高了沟通效率。此外，我也不再困扰于类似“在吗”这样的信息。

这就是一种有意识的、客观的生活方式。奠定基调、使用客观且共通的语言，然后坚持下去。

我们的一位客户在与同事、父母的相处中，一直坚持实践5个挡位理念。他是自己当老板，所以大家默认能在任何时候联系他。因此，当他进入第4个挡位，尤其是第5个挡位时，往往感觉很糟糕，因为总有人接二连三地打电话找他。

这位客户希望通过不断增强影响力的方式，教会家人在生活中应用5个挡位理念。他让家人了解了各自的挡位，并开始用客观的语言进行沟通，引导他们与自己共同成长。

这就是在现实生活中，有意识地生活的模样与感受，可以帮助我们摆脱无意识的生活和领导方式。把握机会，为了自己，也为了身边的人，适当做出改变，来一个180度的大转变吧！

第 14 章

行动起来，来一场 180 度的转变

此时你已经掌握所有信息，可以开始练习使用各个挡位了，或者至少可以在脑海中进行演练。是时候开始一场 180 度大转变，改变生活现状，让个人影响力迈向更高的水平了！是时候收获融入当下和切实联系带来的益处了！

如果愿意接受挡位重组的挑战，并在生活中加以练习、应用，那么你将体验到更深层次的成就感。但大多数关于领导力的书或文章，都很少谈论到这一点。我们称之为“应用领导力学”。但在开始体验之前，你需要挑战自我。

4 个步骤，挖掘你的提升机会

这项练习需要你花费一些时间，在笔记本中写下实施某个领导计划的所有必备条件。它的潜力在于，能将你从不喜欢的事情中解放出来，让领导过程和人际关系更加平和融洽。我希望，你能够接受并一一应对以下挑战。

你的另一面是什么模样？ 你愿意说实话吗？你愿意接受真诚的反馈吗，即使那可能有点难听？向值得信任的两三个人提问："作为领导力关系的另一方，你觉得我做得怎么样？"避免表现出任何防御态度，写下并深刻体会他们的话语。相比做出消极的回应，你最好虚心接受，并使之成为你具备自我意识的开始。

你的挡位顺序是什么样的？ 写下你的自然挡位顺序，而不是理想挡位顺序。制订日程表，以及在各个时间段中你经常进入的挡位。与生活中值得信任的人分享，并请他们给出建议。

在焦虑情绪或压力之下，你会不自觉地进入哪个挡位？ 询问他人，或者直接向自己提问。了解你的压力，诚实面对自己。压力通常来自哪里？逐一列举并问问自己："我的挡位顺序是否会导致任何压力的产生？"接着进一步探索，你在极端压力之下会不自觉地陷入哪个挡位。重点标注出明显需要加强的挡位。

你需要更多地转换到第 1 或第 2 个挡位吗？ 你需要学习如何在下班回家后降低挡位吗？在上一章中，促使你立刻行动的故事、比喻或例证是什么？

设定标记物作为触点，帮助你转换挡位。你是否需要在家附近选择一个标记物，以提醒自己进入第 2 或第 3 个挡位？你是否需要在工作中设定某个触点，比如，某个时间点，提醒自己转换到合适的挡位，让自己更融入当下？

了解身边人的挡位顺序。为了让自己的变化更具成效，了解团队成员、伴侣或朋友的挡位顺序至关重要。了解这些信息，你与他人建立联系的能力将急剧上升。

练习倒车挡。记住，愿意承认错误的领导者，更能得到下属的信任和尊重，个人的影响力也将随之上升。犯错时，请适当地向他人道歉，并观察随之改变的人际关系动态。

将 5 个挡位的比喻和语言传递到你的圈子中。如果你身边的人对 5 个挡位理念和语言一无所知，这件事情做起来可能会有些难度。引导你身边的人学习并应用手势，塑造共同的文化，你们的沟通将更有成效。

做好讲述未来故事的准备。在下一章中，你将看到 5 个挡位理念的实践者述说他们的故事。我们很期待能在未来看见你分享自己的故事。说出你的故事，将它作为改善人际关系、提高工作效率、自我提升的标志之一。

在接下来的挑战中，你需要深入探索“你是谁”。在基安协会中，我们分享了一种用于检测自我意识的工具，并称之为核心（CORE）流程（图 14.1）。

面对它（Call It） 现实点，认真面对眼前的问题。

承认它（Own It） 了解自己，承认这是自己的问题。

回应（Respond） 拟定领导自己的计划，应对存在的问题。

执行（Execute） 选择某个时间段，执行你的应对计划。

我们已经对你发起了挑战，是时候开始迎战了。

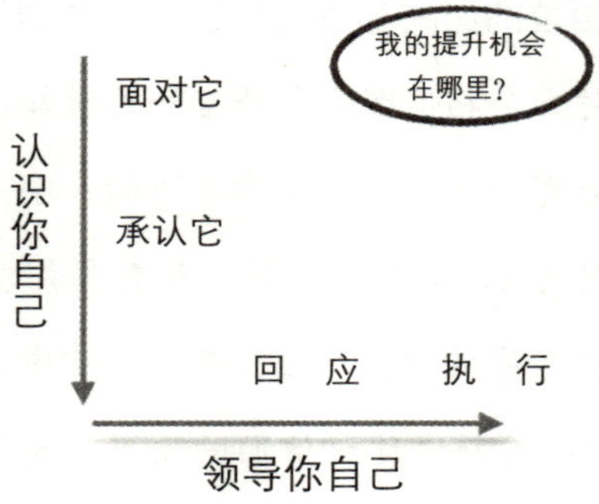

图 14.1 核心流程工具

或许，你需要面对的问题是这样的："我经常陷入第4个挡位中，甚至到了无法自拔的地步。一觉醒来，我便开始查收邮件，在上班路上与同事讨论公事、发邮件，直到睡觉时间还在发邮件。我想我快变成工作狂了。"

或许，你需要承认的问题是这样的："是我的错。我没有明确告诉大家，可以与我联系的时间。我喜欢被需要的感觉，但当生活完全失去平衡，我会感觉自己像个怪物。目前，我与妻子、孩子完全不在一个频道上。我认为自己比他们更应该做出改变。"

做出回应时的情况可能类似于这样："没错，我需要调整自己的挡位顺序。我已经意识到，自己需要在生活中更多地进入充电挡位，因为这能让我的头脑更清晰、更有逻辑。于是，我计划使用标记物作为180度大转变的触点。我在离家8公里的地方设定了一个标记物，这意味着路过这个地方后，我必须中断通话，与家人保持联系，不被电话分心。"

执行计划的过程可能是这样的："计划将从明天开始执行。我知道，需要经过一段时间，家人才能感受到我的变化。我已经向我的团队介绍了5个挡位理念，并且每天都在练习使用手势。我打算在完成计划后的几天内，将5个挡位理念教给妻子和孩子。我已经迫不及待想要看见改变了！"

这就是你为了认识自己、领导自己需要迎接的挑战。与我们合作过的一位领导者就经历了这样的一个核心流程："我发现，我的妻子是一个精于进入第1、第2、第3和第5个挡位的人，而我却一直停留在第4个挡位上，并且很难进行挡位转换。”他开始面对自己的问题，诚实开放地承认自己，并进一步制订计划，打算切实解决问题。

对我们来说，这是重要的说明工具。我一直在想，在办公室时，妻子会进入第4个挡位，这和我一样。但我发现，她在办公室的时间大约是我的一半，所以与其说她进入的是第4个挡位，不如说是第5个挡位。

我开始感到沮丧，因为我一直停留在第4个挡位，这让我与妻子产生了距离。我一直认为她也在第4个挡位，一直认为她对工作不上心，而事实并非如此。她能进入第5个挡位，而我却不能。现在，我希望像她一样变得更好！

他承认了自己的问题，开始有意识地接受挑战，帮助自己认清问题并着手处理。现在，让我们看看他是如何回应的。

现在，如果我在工作时开小差，想要找她聊聊，她就会说：“我在第5个挡位。”那么我也就知道，这个时候任何想法都是徒劳的，除非她转换挡位。我怎么能让她转换挡位呢？实际上，我安排了时间，并在日历上做了标注，这样我们就能同时进入同样的挡位，可以互相交换想法了。

这是一个完美的、关于核心流程的案例之一。他意识到问题所在、做了计划，并且两人都执行了何时交流、如何交流的计划。

5个挡位理念适用于任何地方、任何文化中。我们已经在不同的国家、文化、组织和家庭中传授过这一理念。我们发现，这种领导工具在五大影响力圈子——个人、家庭、团队、组织和社群都能持续奏效。

蒂姆·柯里（Tim Curry）毕业于英国牛津大学，目前供职于英国国民医疗服务体系下的医疗机构。他向我们阐明了应该如何制订并执行应对计划。

5 GEARS 影响力加油站 花5分钟想想，接下来的几小时是否需要换挡

我认真检查了我的日记和家庭日历，并直接与孩子讨论了我的日程安排。最后，我将5个挡位安排到了两周的工作和家庭时间中。

在这一过程中，我猛然发现，我们都缺乏重要的第2

个挡位时间。我们总能得到充分的休息，还能在每周六的早上多睡两个小时，但事实上，我们进入第 2 个挡位的时间少之又少。在工作中，第 3 个挡位的时间总被压榨，甚至完全牺牲给了第 4 或第 5 个挡位。

这种吱呀作响的挡位转换，让我想起了开车换挡、踩下离合时的情形。开车时，我们会简单地松开油门，思考该转换到哪个挡位。我需要加速吗？需要以平稳的速度行驶吗？还是需要减速呢？

后来，我开始在约会或开始新的一天之前，有意识地思考 5 分钟，决定自己是否需要在接下来的几个小时内转换挡位。

5 个挡位在我与妻子的工作和生活中，都起到了良好的效果。得益于此，我们终于能够更好地利用周末，更好地分配时间。执行关于挡位的计划，能够有效改善我们的生活和工作方式。

1 个关键，实现事业与家庭的有机平衡

我们非常热衷于帮助他人成为人们愿意追随的解放型领导者，以及那些希望帮助他人成为解放型领导者的人。他们愿意通过分享自己改变的经历，激励其他领导者。来自佐治亚州亚

特兰大市的凯·莱温顿（Kay Lewington），就是一位希望帮助他人成为解放型领导者的人。

5 GEARS 影响力加油站 职场妈妈的挣扎：多任务处理让我筋疲力尽

在圣诞节来临之前，我参加了基安协会的核心流程训练项目。在第二个阶段中，我向大家介绍了5个挡位理念。一段简要的概述之后，我们围坐在桌子旁讨论，每一个人都尽其所能地辨认自己身处的挡位：早上起来做的第一件事是什么，中午做了什么，晚上睡觉前做了什么。

团队里所有人都找到了自己进入第1到第5个挡位的时间，除了安娜。她一直停留在第4个挡位，并毫不犹豫地承认自己已深陷其中。她对自己极容易受困于第4个挡位的情况感到困惑，但又不知道如何改变。

我们根据她的现状展开讨论，并建议她做出一些实际的改变。例如，不要在睡觉的时候把手机放在旁边，以免想要处理工作问题或者回复邮件等。

安娜承认，终日停留在第4个挡位不利于健康，并且决定正面应对这一问题。她不再抱着手机睡觉了，这也算是一大进步。

我认为，安娜在倒车挡上花费的时间令人难以接受。

不管是否愿意，她总是习惯于承担所有责任，也因此不得不停留在第 4 个挡位。于是，我们开始教她如何通过转换挡位做出实际改变。

安娜养育者的角色时常被家庭生活中的需求践踏和埋没。于是，我向她展示了使用 5 个挡位理念管理生活、时间和人际关系的不同方法。我问她周末在家的状况如何。她表示，这取决于她的丈夫能否抽出时间陪伴孩子。如果丈夫能帮忙照顾孩子，她便能更多地进入第 2 个挡位；但如果是她独自照顾孩子，那么整个周末，她都必须停留在第 4 个挡位。

我给出建议是，她必须更多地进入第 3 个挡位，多与同事交流，参加社交活动。安娜赞成我的主意，并开始在办公室里这样做。渐渐地，她比以前更快乐了，因为新的生活及工作方式让她感到舒适。

一开始，我们用挡位勾画出安娜一天的生活，比较了自然挡位情况与调整后的挡位情况（表 14.1）。她一直努力将 5 个挡位理念融入生活，并开始收到成效。

以下是我的同事凯在跟踪观察安娜的改变后，做出的描述。

- 睡觉时，安娜会把手机放到床头柜上，而不是枕边。同时，努力不把手机带进卧室。

表 14.1　5 个挡位理念的实际与预期收效

自然挡位		调整后挡位	
时间	挡位	时间	挡位
7：00	4	7：00	1
12：00	3（4/5）	12：00	3（4/5）
16：00	3（4/5）	16：00	3（4/5）
20：00	4	20：00	2
22：00	4	22：00	1

- 如果到了休息时间，大脑仍处于第 4 个挡位，安娜会选择观看一部电影，抛开手机，尝试让大脑放松。
- 经常会在傍晚时分散步，因为她发现，这练习进入充电挡位的有效方法。
- 下班回家后的 10 ~ 15 分钟里，安娜会坐下来陪孩子说说话，聊聊这一天发生的事情。这时，她会将全部注意力都投入到第 2 个挡位。

最后，凯对此进行了总结："我感觉安娜非常享受 5 个挡位带来的机会。现在，她不仅拥有更多愿意聆听自己的人，还掌握了新工具、新语言。安娜得到了帮助，这对她来说非常宝贵。毕竟，在你成年后的生活中，能主动走进你的生活、为你提供帮助的人能有多少呢？诚实面对自己、发现自然挡位，可以帮你认清自己的行为及其原因，从而考虑做出改变，改善生活。”

你愿意花时间帮助他人清理生活中的杂草，学习如何在工作和生活中转换挡位吗？你能与下属或身边的人深入交流，帮助他们回归现实并创建一项计划，以达到理想的连通状态吗？是时候对你的领导和生活方式来个 180 度的转变了吗？你是否制订了能改变个人和工作方式的计划，准备好迎接挑战了？

我们相信，伟大的领导者都知道如何在正确时间里转换到正确的挡位，对他人产生积极影响。帮助他人了解各自的挡位并成功过渡，对每个人而言都是一项挑战，但首先，你必须有意识地生活，因为你无法给予他人自己没有的东西。

第 15 章

你终会拥有你想要的人生

5 个挡位虽是一个简单的比喻，但它具有黏性、扩展性，以及改变生活的能力。最近，一位高管对我说：“第一次听说 5 个挡位，我认为它不过是一套矫揉造作的说法，直到它一举击中了我的现实，并逐渐改变了一切。”

5 个挡位不仅能够影响领导者自己，还能对其家人、团队成员、组织和社区产生积极作用。当我们因陷入某个挡位而失去平衡时，5 个挡位能帮助我们在正确的时间转换到正确的挡位。它的力量隐藏于你认同、执行和向他人传递这一理念的能力中。

在过去几年里，许多领导者邀请我们向广大读者分享他们的故事。但我们知道，你们将在未来写下更多故事。无论你是在生活和工作中失去平衡、难以与人产生联系，还是因为工作忙碌无法陪伴孩子成长，5 个挡位理念对你来说，都将是能够带来希望与改变的、行之有效的解决办法。

这些领导者曾与你一样，在这些问题中苦苦挣扎，与你拥有相似的故事。在这个充斥着任务、截止期限、薄弱联系、期待以及复杂人际关系的世界里，我们一同努力学习平衡生活与工作。本章将帮助我们改变现状，给我们希望，带领我们走进那些会影响我们终生的实际案例中。

兼听则明：先看看他人的蜕变历程

据我的经验，写作能在一定程度上帮助你以不同的方式进行持续性思考。在将经验转换成文字的过程中，你将收获巨大的力量。因此，我们希望你能有意识地将经验转换成文字，把自己的故事叙述出来，并在将 5 个挡位应用到生活和工作后，写下新的故事。以下是我们为了帮助你开始转换挡位、理解并应用 5 个挡位而分享的一些故事。

我咬牙硬撑，却成果寥寥……

马特·基恩（Matt Keen）

来自英国伦敦市

我们都尝过内疚的滋味。想象一下，你正在桌前敲着键盘，但实际上，大脑已经转不动了。你疲惫至极，所有事情都让你喘不过气来。你知道自己需要休息，但又担心别人认为你在偷懒，或者你觉得这样做会让他人失望，于是你选择咬牙坚持。然而，工作效率却越来越低。

这就是18个月前的我。我总怕让他人失望，于是一直强忍着。内疚简直成了我如影随形的伴侣。

就在那时，我遇见了杰里米和史蒂夫。我从他们身上学到了很多，也由此提升了幸福感与工作效率。5个挡位理念非常简单，可行性也很强。以前，为了不让妻子、孩子、朋友或同事失望，我总是硬撑着。现在，我选择为自己留出第1个挡位的时间，因为已经意识到，自己需要单独的充电空间及时间。

实际上，这一改变并没有让他人失望，反而更好地帮助了我。我开始有意识地每天抽出30分钟，用于散步、自省。充电过后，我便能更快地恢复活力，发挥自己的强项。

现在，我每周都会尽量挤出一些时间，到不同的教堂听风琴演奏。这听起来也许有点奇怪，但对我来说，到一个美丽的地方尽情享受悦耳的音乐，能让我感到放松，提高专注度，充满活力。我会带上一支笔，一本笔记本（好吧，你可能觉得有点老气），花上1小时将自己的想法和计划写下来，然后开始整理思绪。在现代喧闹世界里，做这样的事情也许不大可能被接受，但我确实能在这段独处的时间里，更快地进入自我空间，更好地整理思绪。渐渐地，我也开始鼓励团队成员找到自己的最佳充电方式。

充电将使你更有效率、更富创意、更快乐。现在，我身边的人也意识到了，如果他们希望看见我最好的一面，就要允许我留出私人的充电时间。使用了5个挡位的语言后，我们终于能以一种新的、每个人都能理解的方式表达自己。

作者笔记：看到像马特这样容易受伤的领导者开始意识到问题所在，确实让人欣慰。这就是故事讲述的方法——坦白、有力、切中要害。

外向者的告白：我众人环绕，却分外孤独

乔希·纳尔逊（Josh Nelson）

来自佐治亚州亚特兰大市

作为一名外向者，我朋友众多，并且能够轻松施展魅力，应付各种社交活动。不过，总有一些人是我不想

与之产生联系的，因为在他们面前，我很没安全感。即使做了某些有损人际关系的事情，我也能亡羊补牢，重新修补关系。然而现在回想起来，那都只是些社交或工作上的人际关系。

我与妻子结婚快10年了，我们有两个孩子，分别是5岁和3岁。学习了5个挡位理念后，我清楚地意识到，虽然自己善于社交与联系，却很难与亲密之人的好好相处。坦白说，如果某天突然闲下来，或者没什么值得表现自我的地方，我便不知如何在情感上投入。

在这几年中，我已经多次注意到这种情况。我的母亲和妻子不止一次提出，她们希望看见我与儿子有更亲密的交流。

在孩子们眼中，他们的存在对我来说是个累赘。我认真审视自己，发现情况好像确实如此。孩子们无法在智力上为我带来刺激感，也不能对我的发展带来任何好处。更糟糕的是，他们让我暴露了自己从未察觉的丑恶。我甚至对妻子说："我知道自己是个糟糕的年轻父亲，但我保证，在孩子们长大后，我会做得更好。"

我相信，任何人都无法接受这种丑陋品质。而我，一个连通性强、魅力十足、拥有良好人际关系的男人，又怎么能在与孩子更亲密这项简单的任务前败下阵呢？

而且，这根本不应该被视为一份工作或一项任务。我开始意识到自己有多糟糕，开始讨厌放假，因为家庭时间总让我产生深深的挫败感。

更糟糕的是，毫不知情的人还会“攻击”我：“这可是你一生中最美好的几年啊！”或者“我真希望孩子们就停留在小时候！这样不是更有乐趣吗？”而我所希望的，就是走进时空隧道，逃离这一人生阶段，逃离这种史无前例的无力感。尽管后来，我极度希望提高这方面的能力，但坦白说，我简直茫然不知所措，因为真的不知道问题出在哪里。

直到我了解了 5 个挡位理念后，才真正做出一些改变，摆脱这一烦恼。学习了挡位顺序和它们各自代表的意义后，我意识到自己从未真正进入第 2 个挡位。虽然我能在第 3 和第 4 个挡位之间自由转换，面对压力与截止期限，也能迅速进入第 5 个挡位，需要休息时，能自如退回到第 1 个挡位，但我并没能好好地运用第 2 个挡位，而这却是我的家人最需要的。

在接下来的几个月里，我开始有意识地转换挡位，并惊讶地发现，自己在这一过程中，总是习惯性地跳过、忽略第 2 个挡位。当然，这并不代表我从来没能成功地进入这个挡位，只是我开始假装投入家庭生活，或者说进入第2个挡位后，我会很快退出。

在最近的几个月中，我遇到的最大挑战是学习手动转换挡位。

我不能快速进入并维持在第2挡位。不过目前，我正在重新认识第2个挡位的价值。在某些方面，它是所有挡位中最具价值的部分，因为深入内心的人际关系就在这里产生。人与人之间的信任感与安全感，也会在这里得到发展。当生命走到尽头时，你会发现，一生中最有价值的事情，大部分都发生在第2个挡位里。

尽管正在尝试改变，但现在，第2个挡位依然是最令我难堪的挡位。我总是挣扎着进入，又叹着气退出。不过，我希望通过认识到自己在第2个挡位的不称职，能够意识到进入这个挡位的必要。如果我能谦逊地承认，自己很难像大家期望的进入这个挡位，那么看见我的努力后，相信他们也会不可思议地表示谅解。

作者笔记：我们都能体会这种感受。这个故事能与你产生共鸣吗？对于同样苦苦挣扎于第2个挡位的朋友来说，这个故事也许对他们产生了不小的冲击力。融入当下是一门艺术和科学。如果你正确掌握了第2个挡位，它将极大地影响你身边的人。

内向者的告白：独处与亲密，我想兼而得之

玛丽·艾丽斯·希格比（Mary Alice Higbie）
来自新墨西哥州阿尔伯克基市

作为一名内向者，安静的地方往往能赋予我无穷的能量，尤其是感到“压力山大”时，我更希望独自躲到安静的地方。

我惊讶地发现了5个挡位理念，并将它应用到自己身上。我开始意识到，自己一直认为的常态其实都不太正常，甚至有些病态。

做出改变之前，我最经常进入的是第1和第5个挡位，并且逐渐养成了这样的习惯。每天早上，我都要花2小时停留在第1个挡位，因为这能帮助我真正专注于要紧之事，并给予我精神食粮，更多地滋养我的灵魂，而不是肉体。这对我来说，是一天中最美好的时刻。

麻烦的是，我还得经营生意。在过去几年的工作中，我需要思考、写作，还要做一些策划活动。我与员工、客户打交道的时间少之又少。工作时，我习惯进入第5个挡位，而且会持续几个小时。我不擅长使用第4个挡位，因为同时进行多项任务时，我的思路将完全被打断。

接触5个挡位理念后，我开始尝试以新的角度看待

自己，并且意识到，自己需要与他人建立更多联系，因为我们相互需要对方。现在，不管在工作还是家庭生活，我都会有意识地进入第3或第2个挡位，多与他人相处（哈哈，我的丈夫负责监督）。如果发现自己过多地停留在第1个挡位，我便会稍稍缩减在第5个挡位的时间。

以前，为了确保完成工作，我总是需要长时间进入第5个挡位。但现在，我终于能更好地平衡工作与生活，并且与人相处时，我也能够将注意力和能量都集中到他们身上，做到真正的融入。

了解了自己的倾向，就好像打开了一扇窗，可以通过它审视自己的认知和表现，并做出策略性改变，从而提升个人影响力，享受随之而来的更多幸福。

作者笔记：这正是5个挡位的意义。它让我们关注并调整自己，做出使更多人受益的改变。

保持优秀与完美，让我不堪重负

奥斯汀·霍奇（Austin Hodge）

来自佐治亚州亚特兰大市

老实说，透过5个挡位的镜头，我认识到自己在总是极端地使用第1和第5个挡位，而且为第1个挡位准备的时间又经常被第2个挡位取代。

在大部分时间里，我一直都在学习、工作以及发布任务。我总是苛求完美，非常害怕让自己在乎的人失望。因此，我的自然倾向是进入第5个挡位。在工作还未完成之前，我绝不会停下来休息，还经常忙到忘了吃饭，甚至因此为自己的人际关系状况感到焦虑。

高中时我总是睡得很少，因为每天必须在早上5：00起床。上课之前，我必须参加田径训练，放学后又继续训练，一直到下午6：00。除此之外，我还在高中阶段学完了14个AP/IB课程，同时加入了各种不同的俱乐部。为了在班里稳居“学霸”地位，我必须尽最大的努力。无论多晚，我都会坚持完成学习任务才去睡觉。

一方面，当人际关系和社群生活失去平衡时，我便会深感内疚（也可能是性格使然）；另一方面，出于完美主义、责任感和成就感，我更倾向于拒绝人际关系上的触碰，包括短信上的交流，因为这会分散注意力。我总是担心自己不够专注，担心漏掉任何一件事。

借助5个挡位的力量，我逐渐意识到，总是自动进入第5和第1个挡位的习惯，令我陷入了精疲力竭的恶性循环。我别无选择，必须调整方向，进入一个新世界。

在那个世界里，我会更加活跃，没有任务或工作的压迫，不需要死命达到标准或履行责任的，那里有无限可能、充满冒险和奇迹。

我意识到自己正在苦苦寻找二者（第1和第5个挡位）的中间地带，在那里，我能同时满足人际关系与工作上的需求（主要是第2到第4个挡位）。这并不是说，我不享受生活，或者没有亲密的家人和朋友。我热爱时间，享受成长过程以及大学时光，也体验过许多令人愉快的人际关系。但直到大学阶段，我才终于意识到，自己的挡位转换模式比想象的更病态，更别说帮助我维持长期的身体、心理、精神和人际关系上的健康了。

家人和朋友都非常担心我，劝我做出改变。有意思的是，频繁进入第5个挡位，不仅影响了我的睡眠质量，还令我拥有了非一般的行路速度。朋友与我同行时，通常走不了5分钟，就被我甩了100米远！我父亲甚至就此告诫我：如果我不放慢行走速度，他就让我退学。我知道他是希望我能释放压力与焦虑情绪。

于是，我的父亲、双胞胎哥哥、女朋友，甚至包括团队以及学校的老师和同学，都开始帮我缓解工作上的焦虑情绪，他们为我的情况感到担忧。但因为抗争对象是我的自然倾向，所以，我总担心自己用力过猛。不过我相信，上帝会希望我在平衡的范围内过最健康、最有营养的生活。

尽管这对我来说，仍是一项需要坚持奋斗的挑战，但在过去的几年里，我确实取得了很大进步。学会使用5个挡位的工具和语言后，我对生活有了更好的理解，并获得了顺利转换挡位的能力。

作者笔记：这位年轻领导者的经历简直不可思议。他通过了解自己，得以领导自己，并为了更好地融入生活、保持活力做出了改变。

不惑之年，我终于迎来重生的机会

乔·希尔（Joe Hill）

来自明尼苏达州圣保罗市

固执、严厉、奋发、成功、不可击败、刀枪不入、势不可挡，用这些词来形容不惑之年的我，最合适不过了。事实上，我每周甚至每天都是如此。

年轻时，我意识到人必须通过辛勤工作寻求自我突破。过去，我父亲经常对我说："没有人会帮助一名手上没有老茧的工人。"现在，我也会对两个孩子说："幸运从来不会降临到不愿意付出努力的人身上。”

在过去的20年里，我总是兢兢业业地扮演着老师、教练、学校管理员、活跃的社区成员等角色。我坚持每天凌晨4：30起床，锻炼身体后，在6：30到达办公室。我的车是停车场里“最早到，最晚退”的那一辆，真是一种“荣誉”啊。

没事做的人才会吃午餐，我通常是在午餐时间开会或做其他工作，这样到了晚上，我才能赶回家，把晚餐的剩菜加热了吃掉。最理想的情况下，我还能在10：00的晚间新闻开播之前，哄3个孩子上床睡觉。

我的使命是全速前进，直到2013年3月，我一头撞上了路障。2012年8月份，在那场破坏性的觉醒发生之前，我完成了铁人三项综合运动竞赛项目，正处于自己的巅峰状态。但在非运动季节，我患有习惯性运动型疝气。我已经被这种疾病困扰多年，需要通过注射可的松缓解痛苦。我与妻子达成协议，在2月份安排了一次手术。

这意味着，我必须度过一段无工作的艰难期。那段时间，我不会与董事会有工作上的联系，加之腹部的疼痛、工作上的不满足，对我而言，这无疑是一场灾祸。

我的手术很成功，休养几天便能再次归队。但有一天，我的小腿某处开始剧烈地疼痛，并且伴随头晕、呼吸急促等症状。我甚至在汇报公共组织绩效时，晕过去了。当时眼前一片漆黑，我知道自己不太对劲。回家后，我跟妻子提到了这件事，她立刻给急诊室打了电话。于是，在不知不觉中，我们走上了一条将完全改变自己生活的道路。

我是一名严厉的领导者，却不敢妄自尊大，只适合在角落的办公室里默默工作。在一天的大部分时间里，我都处于第 4 个挡位，就像我那兢兢业业的父亲，为了经营自己的生意做出了不可想象的牺牲。“为了家庭，无论付出何种代价，我也要成功”，这是我牢记于心的成功法则，也是我实现成功的火炬。因此，我极少降低自己的挡位，停下来为自己加油，或者真诚地与最关心我的人交流联系。

我与妻子养育了 3 个非常活泼的孩子，他们总是积极参与数不清的游戏、音乐会和各种比赛。但在这些活动中，总是只有妻子为他们加油打气，仿佛她是一位单亲妈妈。当然，如果我不需要参加什么重要会议，大家都会期待我到现场去。第 4 个挡位是我的首选要务。在追求成功与个人价值的路上，我已经越来越离不开它。

从血液检测到超声波检测，再到电脑断层检测，我最后坐着轮椅被推入重症病房。医生用一张 CT 片子向我证明了他们并非小题大做。他说：“年轻人（我喜欢这个称呼），你欺骗了魔鬼。”他一边展示片子，一边对我说：“你的肺部有一些血凝块，其中一块或许会致命。”

我像一辆急速前进的疯狂列车，将自己折磨得筋疲力尽。终于，我躺在医院的病床上，开口对妻子说：“是时候改变了……”

在为期几周的治疗中，我暂停了工作，服用了很多血液稀释药物，也做了大量反省。简单来说，我把这段体验称为“中场休息”。我没有欺骗魔鬼，却欺骗了我最爱妻子和孩子。我确实应该重新评估自己的工作挡位，开始转换到与家人、朋友和自我联系的挡位。

康复之后，我与妻子商量着，是否有必要放弃拥有大房子的梦想，回归生活，听从内心的呼唤。在上帝额外赠送我的第二场人生旅行中，我开始有意识地控制自己进入除第 5 个挡位以外的其他挡位的时间。

事实上，我仍着迷于工作带来的动力，并没有失去对成功的热情。我改变的是自己对优先事项的认识。这是对挡位安排的两全肯定：对事业抱负的肯定，以及对家人、朋友和信仰、承诺的肯定。如果你懂得在正确的挡位上投入，并不受其他挡位的干扰，成功便接踵而至。

作者笔记：你值得拥有健康以及和谐的家庭。如果把第 4 个挡位视为首选，你必然会尝到恶果。

5 个挡位，让我的事业与家庭美满共赢

马特·海厄特（Matt Hyatt）

来自佐治亚州亚特兰大市

5 个挡位确实为我带来了积极影响。第 1 个挡位是我最喜欢的，我可以轻而易举地进入这个挡位。

我天生就是个体贴的人，并且习惯三思而后行。当然，这并不代表我同时也是善良而温厚的（我倒希望是这样）。我总会习惯性地进入思考状态，大脑会一刻不断运转，且非常享受这种状态，甚至可以长时间不与任何人交流。

我希望自己的思路变得更清晰。我的大脑总会习惯性地同时思考十几甚至上百个问题。我会不断探索问题的潜在结论，甚至思考整个社群的问题解决策略。一不留神，整个上午就过去了，而我还没有理清一件事情！

我在第 1 或第 5 个挡位时，思路很容易被打断，很多事情都能轻易分散我的注意力。例如，周围有人在说话，或者有人打开了电视机、收音机，有时就连吃饭的

声音我都受不了（你一定觉得我很奇葩吧）。尽管不希望被打扰，但我能做的，只有控制自己对干扰的反应。

学习了5个挡位理念，我终于懂得如何停下来进行思考：我的挡位是否与他人的不一致？我是否应该转换挡位？例如，如果我的妻子或孩子正饶有兴致地交谈，那么对我来说，这就是一个转换到第2个挡位的最佳时刻。或者，如果团队成员进入了游戏状态，那么我可能就会转换到第3个挡位，参与到游戏当中。

因为进入第1个挡位是我的自然倾向，也是我最喜欢做的，所以我会在想为自己充电或放松的时候置身其中。如果当前环境不利于个人沉思，我可能会选择到别处去。在春天或夏天，我经常会躺在花园里的椅子上，休息一两个小时，或者一边看看门前行人遛狗的情景，一边思考人生。有时我也会在汽车后备箱里放一辆自行车，好逃离堵塞的交通！

跑步、在院子里工作或徒步旅行，有助于我解决复杂问题，会给我带来新灵感。对我而言，跑步是一种充电，可以帮我更快、更有效地解决问题。别误会，我并不是纯粹的跑步爱好者，不仅耐力不足，速度也不快。但在长跑中，我能进入最佳状态，思想也会进入更深、更活跃的层次，同时还锻炼了身体。跑步时，我很快便会沉溺在思想的海洋里，根本不知道自己究竟跑了多少公里。我的一些伟大想法和解决方案，就是在跑步中诞生的。

尽管第 1 个挡位是我的最爱，但我同样享受与人对话、进行思想交流的过程。不过，相对而言，我更愿意聆听和提问。

“久别情深”这句话用在我身上，非常贴切。每次出差没几天，我就迫不及待地想回去，因为实在太想念家人和朋友了。实际上，我更愿意每隔四五个小时就为自己留出一点第 2 个挡位时间。每当独处的时间超过一天，我便会开始回顾生命中那些重要的人。

尽管进入第 2 个挡位比较困难，但它确实对我有帮助。通常在这个挡位里，只需一两个小时，我便能重新振作起来，回到第 1 或第 5 个挡位。

进入第 2 个挡位后，相比说话，我更喜欢聆听和提问。但在心情比较好的时候，我也非常健谈，尤其是讨论自己感兴趣的话题。只要脑海里有想法，我就会非常享受分享自己见解的过程。

尽管我跟大多数人一样喜欢讲述自己的事情，但还是习惯聆听和提问。我希望不管自己说什么，都能和对方产生联系，不喜欢自顾自地说个没完。

第 3 个挡位是我最不喜欢的挡位，尤其是面对陌生人时，我会感到特别不自在。

5 个挡位理念帮助我认清了进入其他挡位对家人和朋友的重要性。例如，我喜欢的一些外向者，就非常享受第 3 个挡位的时间。因为认清了这个现实，我开始尝试参加并融入社交场合，尽管有些不适应。

我享受和一群朋友聚会或共进晚餐的时光，不过这句话多少有点欺骗成分，因为实际上，我更有可能只是和几个非常要好的朋友进入第 2 个挡位。

尽管我不喜欢第 4 个挡位，但也还能忍受。不过，我还是在第 4 个挡位上花了很多时间。

在工作中，我最常使用的是第 4 个挡位。作为罗伯特 IT 公司董事长，我喜欢大家向我汇报公司的情况，喜欢了解我的团队，所以绝大部分时间，我办公室的门都是敞开着，欢迎大家前来“打扰”。

第 5 个挡位是精神高度集中时，我会进入的状态。

我发现，进入第 1 个挡位为自己充电后，我更能在工作中达到最佳状态。一旦脑海里有了想法或结论，我就会即刻投入行动，因为这意味着，我要通过输入、制表、发邮件或与人分享的方式将想法记录下来。

第 5 个挡位在我心中的分量与第 1 个挡位相当，我甚至能一整天都保持专注，非常喜欢高效运作的状态！

作者笔记：我们希望你能在他人的故事中获得启发，在成为值得追随的领导者的过程中，比以前能更深入地思考。

该你出马了！

现在，轮到你了。写下你的故事，加入具有连通性的领导者的队伍吧，我们已经为你铺平了道路。请点击 www.5gears.me 登录我们的网站，并根据网页上的指示，分享你的故事。

事实上，在你学习如何转换挡位、设定标记物作为触点，与身边的人交流，成为更投入的领导者时，你就是在执行 5 个挡位理念。如果你能在恰当的时间进入恰当的挡位，将会体验到更融洽的人际关系。

5 个挡位阐释的是一种生活方式，希望你能予以实践，与有同样想法的人一起体验充满成就感和满足感的生活。它将影响你的自我意识和意志力，促使你学习如何顺利转换挡位、领导他人并实现个人突破。

你的改变，就是为所有人准备的最好的礼物。融入与身边人的相处中吧，你会发现，自己的影响力正在逐步增强，会收获更多尊重。最后，祝你在今后的事业中一切顺利，步步高升！

附 赠

如果你想了解更多5个挡位理念及其应用信息，或者分享个人故事，欢迎访问 www.5gears.me。网页上还提供了5个挡位相关的培训课程信息。

到目前为止，已经有许多组织从执行5个挡位理念中收获成效。如果你想为自己的团队或组织安排一场5个挡位研讨会，请联系 hello@giantworldwide.com。

如果你想了解更多与提升领导力有关的资料，例如，实验手册、练习、视频或其他工具，请登录 www.giantworldwide.com/blog。

如果你想学习如何创建新系统，以改变组织文化，打造全明星团队，请登录 www.executivecore.info，或联系 hello@giantworldwide.com。

最后，你可以进入 www.jeremiekubicek.com 进行个人反馈与学习。想了解更多？请访问 www.giantworldwide.com。

5 GEARS 关于基安全球

我们创建了基安联盟（GiANTs）。我们的宗旨是打造高效团队，更新领导者文化，培养可靠、自信而谦逊的领导者。

我们的方法简单、灵活、独具创新性。我们通过可视化的工具创立了一套语言，帮助领导者成为值得追随的、具备自我意识的人，并以可持续的方式领导他人及自己。我们专注于提高组织领导者的领导力，帮助其打造健康的企业文化。

我们的特别之处在于：

- 创造一种 90% 以上的组织都能使用的共同语言。
- 利用可视化工具，帮助领导者塑造组织文化，提高领导力。
- 开发指导式程序，打造能长期影响企业文化的系统，摒弃传统的管理模式。
- 关注个人成长，而不只是传递信息。培养领导者强烈的自我意识，令其更加可靠、自信和谦逊。

- 灵活服务于客户，用适当的办法适应快节奏的任务型世界。我们的业务遍布全球范围，并于伦敦、亚特兰大和俄克拉荷马设立了办公点。

更多信息，请访问 www.giantworldwide.com。

致谢

真心感谢以下这些人，在我们将5个挡位理念应用于生活、撰写此书，并以此帮助大家解决生活和工作难题的过程中，他们给予了我们极大的支持。

感谢家人一直以来的支持，以及对我们不断尝试新方式、新比喻和新概念的容忍。谢谢你们，因为你们的支持，我们才能安心做自己。

感谢埃米·诺顿在书中见地独到的分享，以及对基安全球公司的合作与支持。

感谢迈克·奥佩代尔、查士丁·韦斯特布鲁克斯、亨特·霍奇以及查士丁·霍奇在构建改变世界的基础框架中予以领导和支持！

感谢基安全球的合作伙伴，包括在美英两国工作的高管们！马克和吉尔·赫林肖、布雷恩·威廉姆逊、伊丽莎白·保罗、简·法登、丹·弗雷、乔·希尔、玛丽亚·盖伊、埃米·诺顿、斯科特·维特霍夫、丹·赫金斯、黛比·科雷亚、唐·佩斯利兹、杰伊·桑普森、克里斯·艾丁格、埃迪·巴克勒、马特·海厄特、L.V. 汉森、查德·米尔、泰勒·范·埃普斯、蒂姆·柯里、彼得·温加登、戴维森·布鲁克斯、本·安布赫尔、比尔·德马科、托比·巴斯福德、杰夫·多尔曼、安迪·恩、森瓦雷·帕克、凯西·赫格尔逊、汤姆·内贝尔、杰夫·雷蒙德、乔希·纳尔逊、汤姆·科尔、凯文·哈特、娜达利娅·希格比、苏珊·坎伯斯、E.J. 李、贾里德·汉弗莱斯。

感谢我们未来的伙伴，谢谢你们的加入。我们将共同创造更多乐趣。

克里斯·费尔比一直璀璨如摇滚明星，谢谢你的辛勤工作。

感谢杰夫·拉姆金、凯文·贝利、布兰登·哈钦斯和马修·迈尔斯，谢谢你们的信任！

感谢帕特·伦乔尼、埃米·希特、亨利·克劳德和乔恩·戈登，感谢你们多年来提供的友情帮助与咨询。

我们非常享受和约翰威利父子出版社的合作。感谢你们的辛勤付出。

感谢我们的客户，尤其是安德鲁·达尔、希瑟·拉德维希、约翰·科特雷尔和马特·基恩，感谢你们一直以来的反馈。

感谢基安大家族其他成员的合作——基安资本（GiANT

Capital）、基安合作（GiANT Partners）、基安体验（GiANT Experiences）和基安影响力（GiANT Impact）。

最后，感谢你，我们的读者，谢谢你能够敞开胸怀，让自己更融入。祝愿你在执行 5 个挡位理念的过程中，收获更多乐趣，成功提升个人影响力！